향깃한
차가움

정진규의 짧은 시화

향깃한 차가움

고려대학교출판부
KOREA UNIVERSITY PRESS

책머리에

계미년癸未年 2003년年 중추仲秋에 정진규 짧은 시론《질문과 과녁》(동학사)을 엮고, 두 번째 산문집을 내놓는다. 그간 16권의 시집을 엮어오면서 그때그때 시에 관한 나의 소견所見과 삶의 체험들을 적어두었던 산문散文들을 간추려 내놓게 되었다. 모교 고려대학교출판부와의 오래된 약속을 내가 지키는 것이 아니라, 모교 출판부가 고맙게도 잊지 않고 찾아서 지켜주었다. 감사할 따름이다.

마침 25년간 주재主宰해 오던 시전문지《현대시학現代詩學》의 일을 놓고, 생가生家 안성安城 석가헌夕佳軒으로 떠나면서 인사동 사무실 책상 위에 남은 몽당연필을 찾아 이 글을 쓰자니 두 번째 산문집〈책머리에〉가 자못 감회롭지 않을 수 없다. 김현승 시인의 시구詩句를 본따서 표제表題를《향깃한 차가움》이라 모양을 내 정신의 일각一覺을 체질화体質化해놓고 보니, 괜한 모양내기 객기가 아니었나 모르겠다.

책의 머리에 육필로 써서 간수해 두었던 시들을 그래서 또한 붙여놓은 것이기도 한데 그냥 지나가주시기 바란다.

여기 실린 글들이 그간의 내 책들이 그러하였던 것처럼 그저 부끄러운 내 '몸詩'의 한 족적足跡들일 뿐이다. 그 족적들이 "꽃밭에 말이 드니 말발굽 아래 향내 난다"는 시의 일절一節 같았으면 얼마나 행복하랴.

다만 나의 시를 읽고 공부하는 사람들에게 적은 도움이 되길 바랄 뿐이다. 책이 나오는 날이 아마도 나의 우거寓居 석가헌夕佳軒 연당蓮塘에 연꽃 봉오리들이 분홍 가슴을 부끄럽게 열 때쯤일 것이다. 거기서 섬기는 몇 분, 좋아하는 후진들 모시고 그때 한 잔 거후르고자 한다.

甲午年 2014年 仲夏 鄭鎭圭

차례

제2부 시가 있는 아침

제3부 노래는 참말이다

제1부

정진규의 육필시 읽기

새들은 왜 발 아래 허공벼랑을 두는가

정 진 규

天上을 드나들자면 죽음을 드나들자면 허공
벼랑을 차고 오르는 힘, 그만한 높이가 필수다
날개가 비로소 날개가 된다 願往生, 願往生,
사람들도 곳곳마다 높은 자리마다 하늘다락을
올려 지었다 대둔산 대흥사엘 가 보면 허공을
가마 태우는 집 駕虛樓도 있다 나도 사랑의
벼랑 끝에 누각 한 채 지어 놓고 서성이다 세
월만 탕진했다 현판 한 틀 올려 달지 못
했다 天上에 계신 어머니께서 다녀가신 흔적
만 겨우 몇 번 잡았다 교활한 해동청 보라매
는 결코 거기 까진 가지 않는다 허공 벼랑이 일순
땅으로 내리깔리는 하늘 그물이여, 해동청
보라매여, 먹이 사냥이여, 낭자한 피여, 피여,
날아오를 땐 허공주름 아득히 접어 올리고 내려
앉을 땐 급강으로 허공주름 들쳐 가슴 막 이랑
펼치며 꽂히는 피 젖은 맨발이여, 차라리
그리로 갈까 배고픈 새 한 마리 물총새는
(

물가 조팝나무 야윈 가지 끝에 앉아서
낭창거린다 어림도 없지 위기의 그네타기
가 실로 위기답다

丙戌 蟋蟀 深夜

絅山詩室 鄭鎮圭 肉筆詩書

제주 은갈치

정 진 규

갈치냐, 깔치냐, 칼치가 맞냐 제주 은갈치
먹으러 갔다가 속살 단단히 베이었다 맛으로
살 저미었다 그렇다면 칼치가 맞다 한자로는
刀魚라고 하면서 갈치라고 점잖을 빼거나
형국이 그러하거니와 물의 살, 바다 속살
결대로 저미고 다닌 제주 은갈치 먹으러
갔다가 刀魚 한 마리 새로 만났다 一生
나의 속살 저민 너를 칼치라 부르기로 했다
너는 내 새끼 탯줄도 끊어 냈다 너는 위대한
칼치, 더욱 베이자

丁亥 晩夏 2007.8.16 新作
絅山詩室 鄭鎭圭 肉筆詩書

絅山

달항아리

정진규

한여름 내내 천 개의 애벌구이에 한여름
내내를 쓴 적이 있다 불이 잘 나가질 않았다
들끓는 나를 靑華로 달랜 적이 있다 자주 어지럽
던 슬픔의 運筆을 구워낸 적이 있다 슬픔에
사흘 밤 사흘 낮 불을 지피자 항아리가 빚어
졌다 슬픔이 항아리를 빚어 냈다 터질듯
달항아리로 떴다 속을 비워 냈다 터질듯
비워 냈다 그때부터 그런 아픔이 한날 지나게
되었다 너는 떠나고 이제는 진종일 혼자서
장작을 패었다 이번 한여름에도 사흘 밤
사흘 낮 불을 때야 할 모양이다 슬픔의
運筆이 또다시 시작되었다 벌써 호되다

2006. 8 丙戌 蟋蟀躁夜
絅山詩室 鄭鎭圭 肉筆 詩書

늦가을

정진규

上等品으로만 온 마을이 가득 비었다
들앉을 자리가 넘친다 태양초 고추 멍석이
빠알갛다 살림차리자 빠알갛게
들어앉거라 바로 너인 줄 모를리 없다

丁亥 肇春

絅山詩室 鄭鎮圭 自筆詩書

범종의 젖꼭지

정 진 규

늘 울어야만 하는
범종의 가슴엔 몇 채의 유곽*이
숱히 솟아 있다 제 젖꼭지 제가 물려
제 슬픔의 허기를 제가 달래야 하니까

* 유곽 : (乳廓) 젖꼭지의 집

丁亥 立秋節 2007. 9. 新作
絅山詩室 鄭鎭圭 肉筆詩書

어성초*에게

정진규

왜 네게선 그런 냄새가 나느냐 비 맞고
저승길 다녀온 새들의 살내다 때로 밀려다
진동한다 비린내라면 비린내요 저승내라면
저승내다 나 살아 거기 드나들 수 있으니 경계가
없다 좋다! 이 또한 복福이지 않느냐
왕생 往生이다! 죽어 이승내도 맡을 수
있겠느냐 너에게 묻는다

*어성초 魚腥草: 잎에서 비린내가 나는 해독 살균 작용의 무공해 약초. 벌레들은 접근을 못한다.

2007. 2 丁亥 肇春
絅山詩室 鄭鎭圭 肉筆詩書

山菊

정진규

아직 무게가 나간다 가뿐하게 몸에서 떠난
당신들의 뒷모습이, 하얀 고무신 뒷굽치가 한참
보인다 비탈길 오름 쪽으로 어머니의 진솔 버선목이
보인다 혼자 남았다 아직 다 내놓지 못했다 다
물어내지 못했다 조금 더 있어 보자 여름이 한참
가고 있다 아직 몸이 비든하구나 누더기가 되었다
누더기는 무게가 나간다 잘 개켜지지도 않는다
지난 밤 나는 개켜며 밖을 내어다 보다 임박했고가
오늘은 하얀 山菊이 되었다

丙戌 晩秋 이천육년 늦가을
絅山詩室 鄭鎭圭 肉筆詩書

새벽 감옥

정 진 규

되도록 늦게 아주 늦게 잠들려 몸이 애를 쓴다
일찍 잠이 들면 새벽에 혼자 깨어 있어야 함이
못견디게 힘들다 그걸 몸이 잘 알고 있다 하늘의 별
들이 돌아나기 위해 삐걱거리는 소리를, 별들이 일어서며
내는 빛의 關節 소리들을 들어야 하는 일이 실로
힘들다 내 뜨락에 어젯밤 가장 늦게 당도하고서도
제일 먼저 깨어난 굴뚝새 한 마리 산수유 가지 위
에서 푸득 푸득거리는 소리를 들어야 함이, 새벽 공기에
실금 내는 소리를 들어야 함이 참을 수 없다 혼자서는
힘들다 봄에는 제비꽃 피는 풀밭으로 여름에는 바다의 알몸
으로 가을에는 하다못해 노란 은행잎으로 겨울에는 눈
내리는 대관령 고개에 그렇게 함께 막혀 있음이 나는
편타 혼자서만의 말씀이라 할지라도 거기 섞여서 지껄여야
나는 편타 나는 언제나 시작이 아프다 열림이 나를 가둔다
새벽에 나는 혼자 있지 못한다 참을 수 없다 기댈 곳
없다

丙戌 蟋蟀深, 夜 2006. 9

絅山詩室, 鄭鎭圭 肉筆詩書

이 여름이 나는 자꾸 미안타

정진규

녹음방초 승화시라 할 만하니 순경음으로
입술 질 댄 文字 하나라도 적어 보내시지 그래
이 여름이 나는 자꾸 미안타 너는 아니
그렇니? 지난 늦가을부터 줄곧 그랬지
몇 백년 李賀의 花蟲*도 갉지 않고
지나간, 먼지 머저 아득히 미끄러지고
있는 한낮과 종잇장 나의 靑簡**이여,
떠오르지 않는 사랑의 文字여, 이 여름이
나는 자꾸 미안타 너는 아니 그렇니?
이 綠陰芳草勝花時!

* 중당 이하(李賀)의 시「秋來추래」에 〈그 누일까? 나의 詩稿를 읽으며 / 花蟲 하충이 좀먹지 않게 할 사람은〉이란 대목이 나옴. 花蟲은 좀벌레. 읽히지 않는 詩業의 외로움을 노래한 詩. ** 靑簡 청간은 詩稿의 옛 말.

丁亥 立春之節 鄭鎭圭 詩 肉筆詩書

뻐꾹채 꽃키

정 진 규

실물은 아니지만 뻐꾹채 꽃을 마침내 보았다
매발톱, 수리취, 꽃범꼬리, 흰좀비비추, 초롱꽃 그런
심산의 꽃들이 사실적으로 피어 있는 本色 사진책을
보다가 마침내 찾았다 絶頂에 가까울수록 뻐꾹채
꽃키가 점점 消耗된다* 그 소모의 키를, 속키까지
시로 사진 찍던 鄭芝溶, 지용의 뻐꾹채 꽃키를
오십 년 만에 찾았다 '白鹿潭'에서 처음 읽어
만나고 오십 년 만이다 어떤 꽃일까 궁금한 채로
오십 년이 지났다 밥 먹는 일이어도 그랬을까 그런
내가 한심한 게 아니라 시는 오십 년도 기다려 준다는
사실이다 그게 내 온몸을 울리었다 내가 기다린 게 아니
었다 뻐꾹채 꽃키, 엉겅퀴꽃 형국인데 좀 둥글고
통통했다 색깔은 밝은 진분홍, 꽃잎 가시가 꽃술이
빳빳하게 솟아 있었다 뻐꾹채 꽃키가 스스로
소모되었던 것은 아니었을 터, 백록담 산비알이
오를수록 가팔라지고 있었던 것이었겠지 그 산비알이
보였다 바싹 엎드려 다붙은 뻐꾹채 꽃키, 여적지
오르고 있는 내 소모의 산비알도 보였다

* 鄭芝溶: 白鹿潭

丁亥 仲夏 2007. 6. 6. 新作
絅山詩室 鄭鎭圭 肉筆詩書

죽음

— 詩人 吳圭原 에게

정진규

어떤 별 경영자가 별 하나를 잃어버린 날
제가 별이 되어 그 자리를 겨우 채워 놓았다
빛의 모서리가 조금 닮아 보였다 누가 그의
슬픈 持病을 가만히 귀띔하고 있었다
가만가만

丁亥 肇春 이천칠년 이월
絅山詩室 / 鄭鎭圭 新作詩 肉筆 詩書

별무덤

정진규

일본 觀心寺엘 부랴부랴 다녀왔다
새삼 마음을 觀하고자 함이 아니라 거기
있다는 별무덤이 궁금해서였다 늦으면
天上으로 회수될 것 같았다 형상이
아니라 필시 상징이 분명할 그 실체를
감히 觀코자 함이었다 하늘 놔두고 왜
하필 땅에 내려와 묻혀있을까 별똥별
들의 부스러기일까 식은 빛들의 부스러기
일까 땅을 하늘이라 믿는 주석이 그들 별들
에겐 있었던 ~~것일까~~ 모양이다 땅이 하늘이 되고
하늘이 땅이 된, 하늘과 땅이 한몸이 된
그 長大한 무덤을 겨우 엿지 나 觀하고자
함이었다 무엇을 보았다 하느냐, 거기 있지
~~않았느냐~~ 아니한 것 나 다만 묻고 답하였을 따름이다

※ 觀心寺: 일본 오사카 가와치 나가노시 소재

丁亥 肇春 新作

絅山詩室 鄭鎭圭 肉筆詩書

尋劍堂에서*

강 진 규

名山엘 들면 보인다 어김없다 端緖를
지는 잡고 서 있는 봉우리가 하나씩 있다
붓 끝과 같다 하여 그 첨단을 筆峰이라
이른다 너의 단서에 내 혀를 나의 단서를
처음 댔을 때 그토록 와서 닿았던 우주의
뜨거운 律端, 떨리던 필봉과 필봉
그게 모든 사물들에도 꼭 하나씩 꼭지로
솟아 있다고 믿는 但書로 나의 시들은
그간 씌어져 왔음을, 내 사랑의 단초도
그러하였음을 시력 좋은 분들은 찾아 읽
었을 것이며, 그것이 그저 但書로 끝나고
있는 것들 또한 추려 내기도 했을 것이다
그렇다 요새는 도처에 잡히지 않는 端緖
투성이다 보이지 않는 것 투성이다 나도 애를
먹고 있다 백내장 수술도 했다 했으나
神通치 않다 헛것만 보인다 筆峰이
솟지 않는다 어제 오늘 내리는 亂紛紛의
春雪들 눈송이 하나하나에도 端緖가

(

있는 법이어서 저리 亂紛紛을 지으는 것
인데 형상이 보이는 것인데 그 속에서도 산수
유꽃 노오랗게 치를 떠는 것인데 나도 치를
떠는 것인데 우수 경칩도 지났다 지척인
봄, 어디 갔느냐 심증은 잡았다 물증을
잡아야하리 단서를 얻은 단서를 굳혀야 하리
다른 길 없다 尋劍이다 칼을 찾아라!

* 尋劍堂 : 修德寺의 말사 開心寺의 요사채. 개심사는 백제 의자왕 14년(654)에 창건, 그 모습 그대로 있는 천년 고찰.

丁亥 肇春 新作

絅山詩室 鄭鎭圭 肉筆詩書

봄, 선암사에서

정진규

겨우내 꿰맨 마음의 솔기가 촘촘하여 冬安居를 끝낸 중들이 주섬주섬 길 떠날 채비로 궁싯대는 새벽, 봄비 내렸다 연한 비, 비린내 난다 한 그루 산수유에서도 수런거리는 소리 노랗다 봄춘자 벌레충자 그대로 蠢動이다 벌레들 우듬지 끝까지 따라오르다 저런! 봄신명이 잘못 지폈나 보다 헛발디뎌 제몸 패대기쳐서 터진 속내가 벌써 초록色이다 새순들 과식하셨나 몸이 무거우셨구나

丁亥 肇春

絅山詩室 鄭鎭圭 2006 新作詩 肉筆詩書

안목에서

정 진 규

강릉 뒤꼍 문 열고 나서면 열린 바다가 한꺼번에
길을 가로막는 안목, 안골목 빨랫줄에 걸린 가자미
한 마리 열흘 넘게 얼녹고 있는 겨울, 얼면 얼수록
똑바로 눈 뜨는 맑아지는 가자미 눈알, 가난도 인이
박히면 그렇게 빛이 나는 것일까 젖어 있는 것들의
반들거림이여 끼니가 어려운 안목마을 가서 서성대다가
인 박힌 가난과 그렇게 한나절을 젖었다 그게 나의
冬安居였다 세 발 막대 휘둘러 거칠 것이 없는 집,
그래도 자물쇠 하나 걸어두고 혼자 된 늙은 안주인은
어디엘 가셨을까 무슨 보상의 증빙서류라도 떼러 간
것일까 바닷가엔 매어둔 폐선 한 척만 혼자 흔들리고
입매도 못한 시장기를 메구려 골목 바깥으로 나서자
뭣하고 나오느냐고 바다의 의심이 컸다 한꺼번에 나를
덮쳤다 왜 열린 바다가 열린 바다가 아닌가 인이 박
힌 가난을 낡은 내 눈들이 가방에 조금 챙겨 넣었다
조금 덜어 내었다 그리고 조금 울었다 사뭇 체중 가
볍던 안목이여, 오늘은 무엇좀 자셨는가

丙戌蟋蟀之夜 絅詩室 鄭鎮圭 拙筆詩書

벼랑

정 진 규

懸崖撒手현애살수라, 벼랑에서 손을 놓아라!
천 길 낭떨어지인 줄 알지만 손 놓고 보면 석 자도
아니 된다는 그 속내에 그만 혹해서 뛰어내렸더니
벌써 석 달 열흘째다 연일 밤낮으로 떨어지고 만
있다 발이 땅에 닿지를 아니 한다 몸부터 잡고 있는
이른바 金言이라 하는 것들은 대체로 純金이 아니더
떨어지면서 기웃거려보니 벼랑에서 뛰어내리는
물의 등판 아시지 늘 떠밀리고 있는, 제가 저를
마지막 떠밀고 있는 천지연 폭포가 보였다
저건 純金이잖아 숲 속에선 영근 밤알들이
겁 없이 뛰어내리고 있는 것도 보였다 당굴당굴
곰가지도 살가지도 않은 채 땅에 닿고 있었다
저건 純金이잖아 어느 날은 내리는 빗줄기들이
젖은 맨몸 땅에 심고 있었다 훨씬 먼 곳에서 시작
하였을 저건 純金이잖아 휘어진 것 꺾인 것
하나 없었다 맞아, 나의 벼랑은 처음부터 벼랑이 아니었
어 뛰어내릴 데가 아니었어 純金이 될 때가 아직
아니었어! 처음부터 허공이 내 몸이었을 것이다
벼랑에 발 디딜 벼랑이 없었을 것이다

丁亥 肇春 이천칠년 이월 새봄

絅山詩室 鄭鎮圭 新作 自筆詩書

寶城 大原寺 갔다

정진규

끼니가 간데없던 그 시절엔 흔한 일이었지
굶어 낸다고 했지 태어나지 못하고 죽은 내 태아들
생각에, 무슨 연고였을까 지난 겨울 내내 시달리고
있었는데, 무슨 일 일어나지 않았는데, 조짐이
수상했는데, 그날의 비린내도 연일 진동했는데
어김없었다 이번엔 그걸로 날 끌어내었다 그리로
날 바짝 당기었다 이런 일 너무 잦다 날 어디로
데려가곤 한다 갑갑해라, 그냥 문 열고 나서니
直方 거기에 이르렀다 그런 곳 거기 있었다 이른
봄날 시오리 꽃터널 길 아득히 지나지나 죽은 내
태아들 어느새 데불러 왔을 내가 바삐바삐
거기 가고 있었다 마지막 기회라 하였다
건너라! 극락교는 둘이나 지나 연꽃 바다를
건너 거기까지 갔다 먼저 당도해 있는 태아
들이 극락전 가득했다 모두 영양이 좋았다
뿐이랴, 이런 일 너무 잦다 날 어디로 자꾸 데려다
놓곤 한다 건너라! 빛이 많다고 그것 보라고
날아가던 동박새 한 마리가 연방 꽁지를
달싹거렸다 서두를 때가 되었다고

*寶城 大原寺 보성 대원사 : 태어나지 못하고
죽은 태아들을 모시고 있는 절

丁亥 肇春 2007. 1. 網山詩室 鄭鎭圭 收筆 詩書

새는 게 上策이다

정진규

새지 않으면 소리가 되지 않는다 음악이 되지 않는다 노래가 되지 않는다 구멍으로 새어야 모든 소리는 소리가 된다 막히면 끝장이다 한 소식도 들을 수 없다 새는 게 上策이다 새지 않으면 사랑도 되지 않는다 봄을 만들지 못한다 새끼를 만들지도 못한다 막히면 끝장이다 새는 게 上策이다 달도 뜨지 않는 그런 여자 하나가 바다가 출렁대지도 않는 그런 여자 하나가 오지도 않는 보름살이떼를 부르며 슬피 울고 간다 새는 게 上策이다

* 보름살이떼 : 未堂「映山紅」

이천육년 늦여름 丙戌晩夏
絅山詩家 鄭鎭圭 肉筆詩書

제2부

시가 있는 아침

이제는 썰물이 좋다.
더 가득한 때를 바라지 않으리라.
갯벌에 드러난 추醜한 상처들
다 내 것이고
휑하게 뚫린 절망의 공간 또한
내 것이니,
나를 이 음습한 바다에 그냥 있게
내버려두자.
이제는 다시
흡사 저 피의 부름 같은 물결의 소리로
나를 취하게 하지 말라.
—이수익(1942~) 〈이제는〉 부분

모두 떠났다. 혼자다. 상처마저 내 것으로 껴안을 때다. 지난여름은 넘치는 욕망의 때였으리. '향깃한 차가움'(김현승)으로 깨어나자. 이순耳順해지자. 마지막 소나기가 후두둑거리고 집집마다 빨래가 하얗게 내어 걸리고 있다. 가득한 마지막 매미 울음소리가 왜 세상을 적막으로 채우는가. 이런 깨어남을 감광感光시킨 스냅 사진 한 장을 가을 편지에 동봉하자. ■ **중앙일보 2002. 9. 2**

가을은
들메뚜기의 비취翡翠빛 눈망울 속에
등燈불을 켠다.
가을은
죽은 가랑잎을 갉는
들쥐의 어금니에 번쩍거린다.
가을은
묘비墓碑를 적시는
몇 줄기 비로 내려서…

이 하룻밤
내 슬픈 외도外道에
욱씬거리는
—김민부(1941~72) 〈가을은〉 부분

우리의 60년대 요절 시인 김민부金敏夫. 벌써 가을이 와서 닿고 있는 사물들의 감성대를 읽어내고 있다. '욱씬거리는' 외로움의 통로를 열어 가을은 '나'를 확인할 것이다. 존재의 뒷등이 보이기 시작할 것이다. 알싸한 슬픔의 외인부대들이 온다. 그들의 냄새가 난다. 그냥 가만히 있어도 푸른 하늘 아래 슬픈 눈물방울 하나가 손등 위에 떨어진다. ■ **중앙일보 2002. 9. 3**

부연이 알매 보고
어서 오십시오 하거라
천지가 건곤더러
너는 가라 말아라
아침에 해 돋고
저녁에 달 돋는다

내 몸 안에 캄캄한 허공
새파란 별 뜨듯
붉은 꽃 봉오리 살풋 열리듯
아아 '花開'
—김지하(1941~) 〈花開〉 전문

'부연이 알매 보고/어서 오십시오 하거라/천지가 건곤더러/너는 가라 말아라'. 이 대목이 이 시의 핵이자 고요한 개벽開闢에 당도한 김지하의 시 정신. '부연'은 우리 고건축에서 처마를 번쩍 들어 올려 모양을 내는 서까래. '알매'는 그 위에 얹는 흙. 건곤乾坤은 천지의 음양. 이들이 한 몸이 되는 순간 아아, 꽃이 핀다. 개벽은 천둥소리만 나는 게 아니다. ■ **중앙일보 2002. 9. 4**

풀밭이 진저리치며 운 흔적을 보았다
밤새 풀밭이 어둠을 끌어당겨
몸부림친 핏자국 같은 것
제 안의 물기 모두 품어 올려
적셔놓은, 젖은 수건 같은 것
지친 눈물자국 같은 것으로 풀밭은
쓰러져 있었다, 행복하게
쓰러진 풀밭에 질펀하게, 번진
이슬 쓰다듬으며, 나는, 지상의 행복이란
모두 울다가 지친 흔적인 것을 알았다
—조창환(1945~) 〈이슬〉 부분

당장 맨발로 새벽 풀밭을 밟고 싶지. 지금부터 울자. 시인 박용래가 왜 눈물 바람을 했는지 이제 알겠다. 눈물은 욕망의 항아리를 깨끗하게 헹구어낸다. 몸과 마음의 절정이다. 가장 둥글다. 나는 이 시를 여성 보컬 파두(Fado)의 처절함과 섞어 읽으며 황홀해 있는 한 시인을 오늘 보았다. 비극적 황홀. 개운하다. ■ 중앙일보 2002. 9. 5

누구도 모르게 밤은 한밤에 가끔
날개를 잠깐 폈다
얼른 접는다.
밤은 제가 빚은 이슬만 겨우 반 종지
살짝 내려놓고 아쉬운 듯 그러나
끝내 잠이 든다.
어쩌나 그때
서열에도 끼지 않은 그 깐깐하고 엄전한
왕따인 천사가 눈을 뜬다
—김춘수(1922~) 〈밤이슬〉 부분

밤이슬도 전 같지 않다. 보이지 않던 것들이 보인다. 가을엔 시가 열린다. 밤이 남긴 건 겨우 이슬 반 종지이지만 이게 이 시의 열림이다. '왕따인 천사'가 눈을 뜨게 한다. 이 시에는 이런 접속과 상응이 있다. 표현도 그렇다. '얼른 접는다'가 있어 '살짝 내려놓고'가 가능하다. 동질의 속도를 지닌 이미지가 있다. 이런 감성연대 속에 현대시의 묘미가 있다. '왕따'라는 시쳇말이 천사의 순수 소외를 눈물겹게 돕는다. 웃고 있는 슬픔. ■ **중앙일보 2002. 9. 6**

가을에는 스웨터를 자주 걸치는 여자女子, 추운 날엔 팬티스타킹을 신는 여자女子, 화가 나면 머리칼을 뎅강 자르는 여자女子, 팬티만은 백화점에서 사고 싶다는 여자女子, 쇼핑을 하면 그냥 행복하다는 여자女子, 아이 하나는 꼭 낳고 싶다는 여자女子, 더러 멍청해지는 여자女子, 그 여자女子를 사랑했네. 그러나 가끔은 한잎 나뭇잎처럼 위험한 가지 끝에 붙어 서서 햇볕을 받는 여자女子.

—오규원(1941~) 〈한 잎의 여자 2〉 부분

쉬지 않고 재잘거리는 가벼운 여자 같지만 그렇지 않다. '더러 멍청해지고' '위험한 가지 끝에 서서 햇볕을 받는 여자'다. 여기 이 여자의 중량 회복이 있다. 이 시의 앞 연은 '영혼에도 가끔 브래지어를 하는 여자'로 끝나고 있다. 웃음이 나오지만 소중스러움이 있다. 한없는 허세로 젖고 또 젖어 곰팡이가 나버린 여름 맨살은 이제 갔다. 햇볕에 '나'를 내어 말리자. 우리들의 영혼을 간수하자. ■ **중앙일보 2002. 9. 7**

사람들이 하는 일을 하지 않으려고
풀이 되어 엎드렸다
풀이 되니까
하늘은 하늘대로
바람은 바람대로
햇살은 햇살대로
내 몸 속으로 들어와 풀이 되었다
나는 어젯밤 또 풀을 낳았다
—김종해(1941~) 〈풀〉 전문

'짧고 쉽게 그러나 탄력 있게'. 이게 요즈음 삶의 체질이다. 시도 그런 시를 선호한다. 그러나 '짧고'는 설명이 없어 어렵고 속도가 빨라 깊이가 없을 수도 있다. '쉽게'는 평면적이라 부피가 없어 탄력이 없다. 너무 탄력적이면 튀어 달아난다. 어떻게 균형을 잡나. 숨을 필요가 있다. '숨음'의 응집과 충만의 실물이 탄력이다. 절대수용이 마침내 빚어내는 생명. 이 시는 한참 숨어 있다가 마침내 풀을 낳고 있다. 풀로 다시 태어나고 있다. 이게 바로 '거듭남'의 자아혁명이다. 어떻게 안 되나. 활짝활짝 벗어젖히는 헤픈 세상이 미울 때가 많다. ■ **중앙일보**

2002. 9. 9

밟히지 않는 건 망자의 신발뿐이다
정리가 되지 않는 상가喪家의 구두들이여
저건 네 구두고
저건 네 슬리퍼야
돼지고기 삶는 마당가에
어울리지 않는 화환 몇 개 세워놓고
봉투 받아라 봉투,
화투짝처럼 배를 까뒤집는 구두들
밤 깊어 헐렁한 구두 하나 아무렇게나 꿰신고
담장 가에 가서 오줌을 누면 보인다
북천北天에 새로 생긴 신발자리 별 몇 개
—유홍준(1962~) 〈상가喪家에 모인 구두들〉 부분

먹는 걸 끝낸 사람 앞에서 먹는 게 사람이다. 그것도 게걸스럽게. '눈물은 푸르다'고 쓴 시인(최종천)이 있다. 삶의 시퍼런 멍을 우려낸 것이 눈물이니까. 그렇게 그를 짓밟았던 구두들이 말이다. 자조가 없을 수 없다. 젠장. 그러다 때로 문득 북천의 별을 본다. 오줌을 깔기며. 우리에게 짓밟는 구두를 신긴 것은 누구인가. 별들을 바라보도록 시킨 것은 누구인가. 그럴 때 문득 우리는 시인이 된다. 다행일까. 상가의 밤이 깊어간다. 아직도 떠들썩하다. ■ **중앙일보 2002. 9. 10**

희미한 등불에 풀벌레 소리 차가와라
그 뉘일까? 나의 시를 읽으며
좀벌레가 좀먹지 않게 할 사람은
서글픈 생각에 이 밤 가슴 메이고
차가운 빗속을 향혼香魂이 내게 조상오네
—이하(李賀, 790~816) 〈가을이 오다〉 부분(이동향 옮김)

이하李賀는 중당中唐의 외로웠던 요절 시인. 이 시의 첫 구절만 원문으로 읽어보자. '衰燈絡緯啼寒素'. '啼寒素'를 차갑게 운다는 뜻으로 옮겼는데, "'한소'로 울고 있다"라고 해야 그 차가움의 실체가 느껴진다. '한소寒素'는 차가운 흰 깁. 날씨 차가운 날, 장에라도 다녀오신 아버지의 무명 두루마기, 그 흰옷 소매를 열오른 얼굴에 스쳐본 적이 있는가. 이미지의 실물. 그 맛. ■ **중앙일보 2002. 9. 11**

바다 옆에서는
술잔의 술, 그 수평선도
광활하고나.
알겠지, 왜 우리가
취하는지를!
—정현종(1939~) 〈수평선〉 전문

나 지금 취했다. 바다의 광활함이 술잔의 술, 그 좁은 공간의 그것마저 광활하게 바꾸어놓고 있다. 한 잔 술로 바다를 다 마셔버렸다! 어찌 취하지 않으리. 이 함량 증가. 그렇다고 무작정 무너지는 게 술이 아니다. 시가 아니다. 나는 이 시를 늘 멕시코 시인 라몬 로페스 벨라르데의 것과 함께 읽는다. "너에게 이 깨어질 듯 줄지어 나오는 음절들을 보낸다./눈 뜬 너의 에스프리의 문턱에 신비의 바람결 같은 구절들을." 술은 이렇게 안으로부터 너를 향해 노래로 열려야 하느니. ■

중앙일보 2002. 9. 12

바람을 안고 올랐다가
해를 안고 돌아오는 길

검정 염소가
아무보고나 알은 체 운다

같이 가요
우리 같이 가요

지는 햇빛이
눈에 부시다
—나태주(1945~)〈하오의 한 시간〉 전문

'아무보고나'를 헤픔, 주책없음 따위로 읽지 말자. 등 돌리고 저만큼 지나쳐 가던 우리를 되돌려 세우는 간절한 울림. '울음'과 '울림'. 울음은 비극적인 상처의 발성에 더 가깝지만, 울림은 그 울음이 가 닿아서 또 하나의 울음으로 동행케 하는 아름다운 사역使役의 힘이다. '같이 가요/우리 같이 가요'. 푸른 하늘 아래 가득한 가을 햇살이 공명共鳴의 손사래를 친다. 지금 도처에 비어 있는 당신의 손. ■ 중앙일보

2002. 9. 13

흰뺨검둥오리가 퍼들껑 물을 박차고 비상할 때
날개 소리는 내 몸 속에서 먼저 들리네
검은 부리의 새떼로 늪은 지금 부화중,
열 마리 스무 마리 흰뺨검둥오리가 날아오르면
날개의 눈부신 흰색만으로 늪은 홀가분해져
장자를 읽지 않아도 새들은 십만 리쯤 치솟는다네
—송재학(1955~)〈흰뺨검둥오리〉부분

새떼들이 장자莊子를 먼저 터득했네. 그것도 온몸으로, 불립문자不立文字로. '퍼들껑'. '껑' 소리가 물살 짓는 우리들 성천性天의 번짐을 감지하시라. 그러면 당신도 십만 리의 반쯤은 치솟을 수가 있으실 것이네. 홀가분해질 수가 있으실 것이네. 시만으로는 감지가 되지 않는다고? 그런 새떼들이 날아오르는 호수가 어디쯤 있느냐고? 윤무부 새박사에게라도 전화를 걸어보시라. 상징은 실체다. ■ **중앙일보 2002. 9. 14**

예쁜 간호사가 링거 주사 갈아주면서
따뜻한 손으로 내 팔뚝을 만지자
바지 속에서 문득 일어서는 뿌리!
나는 남몰래 슬프고 황홀했다

다시 태어난 남자가 된 듯
면도를 말끔히 하고
환자복 바지를 새로 달라고 했다
·바다 하나 주세요
내 입에서 나온 말은 엉뚱했다
·바다 하나요
바지바지 말해도 바다바다가 되었다
—오탁번(1943~) 〈죽음에 관하여〉 전문

웃기는 이야기지만 지아비를 섬기는 지극한 한 아낙네의 '굴비 이야기'로 가슴 찡한 그런 눈물을 일러주더니, 병원에서 '바지' 대신 '바다'를 한 벌 갈아입고 나온 오탁번 시인. 그는 죽음의 순간마저 해학으로 자리바꿈 하는 '슬프고 황홀한' 행간을 우리에게 언제나 나직이 열어 보인다. 글쎄, '뿌리'와 '바다'가 아무래도 아주 잘 맞아떨어지는 궁합宮合일 듯한데. 그렇지, 바다 그 영원한 모성을 한 벌 갈아입으셨으니. ■ **중앙일보 2002. 9. 16**

동짓달 열사흐렛날 자정, 같은 날 같은 시時에
나는 꽁꽁 얼어붙은 요하의 강둑에서,
아내는 잠실 본동 310번지 우리집 베란다에서,
달 표면 중 '고요의 바다' 쪽을
동시에 바라보기로 약조했다.
마침내 약조한 시간이 되어
달을 바라본다.
아내도 바라볼 것이다.
이렇게 빠른 우주통신은 없으리라.
—상희구(1942~) 〈발해기행 20—겨울 요하에서〉 전문

우리 영토 확장에 크게 기여한 시인. 시의 영토 확장도 확장이니까. 상희구 시인은 10여 년에 걸쳐 1백 편에 이르는 그의 연작 장시 '발해기행'을 끝냈다. '발해'의 상상공간과 실제공간이 골목 골목 스며들지 않은 곳이 없다. 시는 '자유'가 그 궁극이다. 거기에 요즈음 말로 '탈북'이니 뭐니 그런 게 없다. 경계가 없다. '요하의 강둑'과 '잠실 본동 310번지' 그 거리가 얼마인가. '발해'가 실제라 해도 여기서는 상상공간이다. 애초에 거리가 없다. '요하의 달'이 시의 광光케이블이 되고 있다. ■ **중앙일보 2002. 9. 17**

삼풍백화점이 주저앉았을 때
어떤 사람 하나는
종이를 먹으며 배고픔을 견디었다고 했다
만에 하나 그가
예술에 매혹되어 있었다면
그가 죽었을 것이다
그는 끝까지 시집의 종이를 먹지 않았을 것이다
시의 의미를 되새김질하면서
서서히 미라가 되었을 것이다
그 자신 하나의 상징물이 되었을 것이다
—최종천(1954~) 〈상징은 배고프다〉 전문

"세상 사람들이 고작 유자서有字書나 읽을 줄 알았지 무자서無字書를 읽을 줄 모르며, 유현금有絃琴이나 뜯을 줄 알았지 무현금無絃琴을 뜯을 줄 모르니"(홍자성, 《채근담》). 시인이여, 풍자겠지만 이제 시는 '무자서'나 '무현금'만이 아니잖아요. '유자서' '유현금' 두 가지 다 있어요. 시집의 종이를 뜯어먹어도 요기療飢는 되고도 남죠. 우리나라 좋은 나라 아직은 시가 있는 나라, 시가 있는 아침. ■ **중앙일보 2002. 9. 18**

물고기야 뛰어올라라
최초의 감동을
나는 붙잡겠다

물고기야 힘껏 뛰어올라라
풀바닥 위에다가
나는 너를 메다치겠다

폭포 줄기 끌어내려
네 눈알을 매우 치겠다 매우 치겠다
—조정권(1949~)〈약리도躍鯉圖〉 전문

조정권 시인이 이 시가 실린 시집 '풀잎 속 푸른 힘'을 내게 준 것은 1986년 12월 28일이다. 속표지에 그렇게 쓰여 있다. 그때나 이때나 앙다문 그의 의식의 입술이 쉽게 미소로 열리는 걸 몇 번 보지 못했다. 그는 응시한다. 응축, 탄력, 생동. 느슨함을 그는 견디지 못한다. '뛰어올라라'라고 했지만 '튀어 올라라'라고 해야 그는 직성이 풀릴 것이다. '최초의 감동', 한 마리 잉어가 풀밭 위에 펄떡거린다. 힘. ■ 중앙일보 2002. 9. 19

서초구 팔백 년 향나무는 달마가 간
동쪽 하늘을 휑하니 정리해고하고 서쪽
하늘에만 기대 거짓말처럼 서 있다

내 눈에는
그 하늘이 그 하늘인기라

대낮에 호롱불 들고
사람을 찾던 그 사람이라도
찾아 뭘 좀 물어봐야 쓰것다

아무쪼록 급히
연락 바란다
—김춘추(1944~) 〈심인尋人〉 전문

'정리해고'라는 말이 재미있다. 하늘도 정리해고가 되는 세상. 가차 없다. 왜 또 하필이면 달마의 동쪽 하늘일까. 어쨌든 한쪽이 비어 있다. 향나무는 지금 허전하다. 안쓰럽다. 무엇을 말하고 싶었을까. 사람다운 사람이 없는 세상. 빈자리를 채울 사람이 없다. 어디 은자隱者라도 없을까. '급히 연락 바란다'가 이 시의 표현의 핵核. '정리해고'처럼 재밌게 상승되고 있다. ■ **중앙일보 2002. 9. 20**

오븐의 채널이 정각에서 멎는다
늦은 아침이 다 구워졌다
꽃나무 밑에서 놀던 적막은 바싹 익었다
밀가루에 버무려진 세상이 거짓말같이 부풀어오르는 시각
우체부가 달아오른 우체통을 열고
뜨거운 편지를 꺼낸다
삼십분 전에 넣은 편지가 벌써 익다니!
생의 한나절을 다 읽기도 전에
나는 또 숙성되었다
—조말선(1965~) 〈정오〉 전문

우선 정오의 절정감과 직사의 태양, 그 열도熱度 속으로 들어가실 것. '오븐'은 당신의 몸이고 의식이 될 것이다. 모든 것은 익는다. 적막도 익고 편지도 익는다. 세상이 빵이 된다. 우체통은 본래 벌겋다. 달아오른 것의 색깔이다. 늘 날것인 당신의 일상을 여기쯤 놓아보자. 요즘 시는 어렵다고? 뒤틀린 것은 그만큼 한 번 더 뒤틀면 제자리가 된다. '쉽다'는 익숙한 것이 아니다. 익숙하지 않은 것이 익숙해진 상태다. 이 새 맛. 현대시의 숙성법熟成法. ■ **중앙일보 2002. 9. 23**

조선총독부가 있을 때
청계천변 10전 균일상 밥집 문턱엔
거지소녀가 거지장님 어버이를
이끌고 와 서 있었다
주인 영감이 소리를 질렀으나
태연하였다

어린 소녀는 어버이의 생일이라고
10전짜리 두 개를 보였다.
—김종삼(1921~1984) 〈장편掌篇 2〉 전문

김종삼 시인이 그립다. 동료 시인들 김수영이나 전봉건이 그를 '도깨비'라 불렀다. 그 도깨비의 시비가 광릉수목원 한 켠에 그의 시 〈민간인民間人〉을 등에 업고 도깨비처럼 숨어 있는 걸 아는 사람은 그리 많지 않다. 그는 생전에도 사람들을 피해 도깨비처럼 게걸음으로 숨어 다녔다. 낙원에서 거부당한 그의 비극적 세계인식. 그러나 소외의 쓸쓸함을 쓰다듬는 그의 손은 언제나 따뜻했다. '어버이의 생일' '10전짜리 두 개'. 따뜻한 비극. 눈물 난다. ■ **중앙일보 2002. 9. 24**

키 큰 남자를 보면
가만히 팔 걸고 싶다.
어린 날 오빠 팔에 매달리듯
그렇게 매달리고 싶다
나팔꽃이 되어도 좋을까
아니, 바람이 나부끼는
은사시나무에 올라가서
그의 눈썹을 만져보고 싶다
아름다운 벌레처럼 꿈틀거리는
그의 눈썹에
한 개의 잎으로 매달려
푸른 하늘을 조금씩 갉아먹고 싶다
—문정희(1947~)〈키 큰 남자를 보면〉 부분

이 시로 키 큰 남자들이 으쓱한 모양이지만 그게 아니다. 진짜 키 큰 남자는 사유가 관능을 통제하고 관능이 사유를 열어놓는 그 극점極點에 접문接吻할 수 있는 남자다. 그런 남자라면 이 시인은 진짜 오빠! 외치며 달려가 매달릴 것이다. 그 순간 시인은 "하늘에다 옮겨 심어 놓은"(미당) 영혼의 '눈썹'을 만나고 열림의 '푸른 하늘'도 만날 것이다. 이 시는 싱겁게 키만 큰 직선直線이 아니다. ■ 중앙일보 2002. 9. 25

아서
아서
칼집이 칼을 만류하느라
하룻밤 새웠다
칼집과 칼집 속의 칼 고요!

내려갈 때 보았네
올라갈 때 보지 못한
그 꽃
—고은(1933~) 〈순간의 꽃〉 부분

이 시의 두 번째 연이 시인의 육필로 돌에 새겨져 백담사白潭寺 뜨락에 세워져 있다. 그가 선승禪僧이었기 때문이기도 하겠지만, 예의 큰 몸짓 큰 목소리 뒤에 혼자 웅크려 이런 말을 중얼거릴 때 우리는 그의 더 큰 몸짓, 더 큰 목소리를 만난다. 그 '고요'를 만난다. 절 한 채를 만난다. 온몸이 찌르르하다. '칼 고요!' 절 한 채가 그 속에 있다. '하룻밤'이 아니다 맨발로 걸어온 고된 인욕 뒤의 초월이 있다. 꽃이 피었다. ■ **중앙일보 2002. 9. 26**

이제 황량한 들판에서
잠들고 싶은 하이에나는
만돌린을 베고 누워 잠들고 싶은 하이에나는
검은 구릉에 서서
물을 찾는 하이에나는
빈 들을 건너 빈들로 접어든다.
지하地下를 흘러가는 가느란 수맥水脈처럼
하늘에 뜬 초승달을 바라보고 선
하이에나
목마른 하이에나.
—이건청(1942~) 〈하이에나—목마름에 대하여〉 부분

이건청의 시는 아직도 목이 마르다(《목마른 자는 잠들고》, 1975). 김종삼金宗三 시인처럼 시원한 물 몇 통을 서둘러 길어다 주고 싶다. 수도꼭지만 틀면 콸콸, 쏟아지는 그런 물이 아니라 물지게 양 켠에 매달린 큰 나무 통桶의 그런 물이라야 그의 목마름을 적셔줄 수 있으리라. 어제는 그가 '시의 물 살리기', 생명 강의에 열을 올리고 있는 걸 보았다.

■ 중앙일보 2002. 9. 27

아직 밖은 매운 바람일 때
하늘의 창을 열고
흰 불꽃을 터뜨리는
목련의 한 획,
또는
봄밤을 밝혀 지새우고는
그 쏟아낸 혈흔血痕을 지워가는
벚꽃의 산화散華,
소리를 내지르며 달려드는
단풍으로 알몸을 태우는
설악雪嶽의 물소리,
오오 꺾어 봤으면
그것들처럼 한 번.
—이근배(1940~)〈절필絶筆〉 부분

입신入神이 있다. 보라. 이 시의 표제 '절필'은 모순어법으로 읽어야 한다. 여기서의 '절絶'은 '붓을 꺾다'의 '꺾다'가 아니다. 예컨대 '절색미인絶色美人'의 '절', '뛰어나다'로 읽어야 한다. 초절超絶이다. 저 순미純美의 목련으로('흰 불꽃'), 벚꽃('혈흔')으로, 설악의 물소리('알몸')로 시인은 지금 황홀의 극치를 맛보고 싶다. 글씨도 그렇게. 사랑도 그렇게. 신운神韻이 있다. ■ **중앙일보 2002. 9. 28**

둥글게
휘어진 하루
휘어진 입맞춤
둥글게 휜 기억만이 온 생애 전부로
입력되어진 생生
위태롭지 않아 위태롭다
문득
기억의 행간에 감추어진
늘 거부당해야만 했던 직선의 적의
한번쯤 오리무중 비틀리고 싶은 오기
휘어진 늑골 팽팽하다
—박경자(1954~) 〈형상기억합금〉 부분

팽팽하다. 탄력이 있다. '형상기억합금', 둥글게 휠 줄밖에 모르는 그것의 본성과 '여성'을 한자리에 놓고 있다. 그것도 브래지어의 그것으로. 여기서의 이 '둥글게'는 비겁도 굴종도 아니다. 그래서 '둥글게'라고 쓰고 있다. '포옹무한抱擁無限'(박두진)의 그것이다. 그것은 사랑의 응축凝縮일 터이다. 어느 순간, 온몸을 던지는 모성母性을 우리는 보아왔다. 그런 힘의 내장內藏. 알겠다. 바다의 성性이 여성인 까닭. **■ 중앙일보 2002. 9. 30**

다른 것, 그만 그리워하고
스스로 그리움 되어야 하는 정신,
한 소쿠리 따 담은 뒤
깊이 파내린 움구덩이에
뚝뚝 떨궈두어야 한다

그만큼 바람 속에 내어놓고
그만큼 땡볕 속에 내어놓고
나 스스로 나를 울렸으면
이제 드높은 그리움 되어야 한다
—한영옥(1950~) 〈10월의 눈물〉 부분

••••••
••••••

그리움의 화살표는 안에서 밖으로인 줄로만 알았더니 가을은 제 안으로 그리움의 화살표를 긋는구나. 스스로가 그리움이 되어야 하는구나. 욕망도 그리움이란 말로 바꾸어놓고 보니 정말 드높아 보이네. '정신'이 되네. 그리움의 맨살에 찍힌 바람과 땡볕의 깊은 손자국, 그 무게가 안으로 실리네. 자알 통과했어. '정결한 한 손바닥 위에'(《10월의 눈물》) 빠알간 홍옥 한 알씩을 서로 얹어주자. ■ **중앙일보 2001. 10 .1**

썰렁한 그림자 등에 지고
어스름 가을 저녁 생선 굽는 냄새 뽀얗게 새어나오는
낡은 집들 사이의 골목길을 지나면서
삐걱거리는 문 안의

정겨운 말소리들 고향집처럼 그리워 불빛 들여다보면
낡아가는 문틀에
뼈 바른 생선의 눈알같이 빠끔이 박힌
녹슨 못자국

흐린 못물 자국 같은 생의 멍울이 간간하다
—최동호(1948~)〈생선 굽는 가을—달마는 왜 동쪽으로 왔는가〉 전문

이 낡은 풍경이 왜 이렇게 정겹고 따뜻한가. 이 시의 시안詩眼은 '녹슨 못자국'과 거기서 읽어낸 '생의 멍울이 간간하다'는 그 미각味覺. 눈물겹다. '뼈 바른 생선의 눈알같이'란 부사절이 그 앞에 놓여 있어 그것의 실체가 더욱 구체화된다. 독만권서讀萬卷書하고 행만리로行萬里路하더니 깨달았는가. '달마는 왜 동쪽으로 왔는가'! 이 가을, 그런 골목길을 기웃거리고 싶다. ■ **중앙일보 2002. 10. 2**

감나무 저도 소식이 궁금한 것이다
그러기에 사립 쪽으로는 가지도 더 뻗고
가을이면 그렁그렁 매달아놓은
붉은 눈물
바람결에 슬쩍 흔들려도 보는 것이다
저를 이곳에 뿌리박게 해 놓고
주인은 삼십년을 살다가
도망 기차를 탄 것이
그새 십오년인데……
감나무 저도 안부가 그리운 것이다
그러기에 봄이면 새순도
담장 너머 쪽부터 내밀어 틔워 보는 것이다
—이재무(1958~) 〈감나무〉 전문

장구소리, 풍악소리 드높은 것만이 가을이 아니다. 이렇게 외로운 가을도 있다. 열매들이 '그렁그렁 매달아 놓은 붉은 눈물'이 되는 가을도 있다. 어떤 시인은 감알들을 주렁주렁 매달린 전등알들이 '화안'하게 켜져 있다고 노래한다. 시의 사물들은 상황에 따라 달리 태어난다. 이 가을 당신의 감나무는 어떤 열매들을 매달고 있는가. 그 안부가 궁금하다. 감지하시라. 저러한 감나무의 촉수. 사립 쪽으로 담장 너머로 더 손길을 뻗는 그리움의 촉수. 거기 시가 있다. ■ **중앙일보 2002. 10. 3**

장미는 몸을 뒤틀며 웃어댔다. 장미 가시가 번쩍거리며 내게 날아와 박혔다. 나는 가시들을 훔쳤다. 나는 가시들로 빛났다. 화병에 꽂힌 수십, 수백 장의 꽃잎이 몸을 제대로 가누지 못했다.

나는 기다렸다. 나는 흉내냈다. 나는 웃었다. 그리고 웃다가, 장미가 끼고 있는 침묵의 틀니를 보았다. 장미는 폭소를 터뜨렸다.

—이수명(1965~) 〈장미 한 다발〉 부분

이 시의 핵核은 '침묵의 틀니'다. 처음부터 왜 장미가 폭소를 터뜨리고 있는가에만 매달리다 보면 당신은 길을 잃고 만다. '침묵의 틀니'에서 시작하시라. 폭소는 장미의 '나'를 향한 적극적 화응의 포즈. 감추어진 은밀함의 부끄러움('침묵의 틀니')까지 내어 보이려는 몸짓. 존재의 궁극이 거기 있다. 그러할 땐 내 몸에 박히는 장미의 가시마저 빛이다, 황홀이다, 사랑이다. '나'도 '침묵의 틀니'를 내보이고 있다. 거기까지 가보셨는가. ■ **중앙일보 2002. 10. 4**

낙엽 몇이 골목 한 켠에 몰려 앉아 소근거리고 있습니다. 은빛 별 앞, 어둠 옆구리께

얼굴 빨개진 기다림들이 이마 맞대고 아까부터 소근소근거리고 있습니다.

—강은교(1945~) 〈낙엽 몇이—너무 짧은 사랑 이미지〉 전문

그저 떨어진 가을 낙엽들의 바스락거리는 소리라고 보아버리면 그만이지만, 나는 그렇지가 않다. 그간의 그의 시가 오구대왕의 일곱째 딸 '바리데기'의 화신이었다든지 요즘엔 그가 '은빛 별들'이 내는 소리를 끊임없이 만나고 있다는 걸 알고 보면 이 짧은 시가 그것으로만 읽혀지지 않는다(최근 시집 《시간은 주머니에 은빛 별 하나 넣고 다녔다》). 이 시에도 나왔네. '은빛 별'. 그 시인의 시에서는 어디서든 그 시인의 의식의 그림자가 묻어난다. ■ **중앙일보 2002. 10. 5**

닫혀진 창문엔 아침 바람이 다녀갔겠다
두고 온 운동화는 그 자리에서 가만히 있겠다
마른 수돗가에 쌓이는 먼지만큼
운동화 끈 고요히 바래가겠다
장독에는 티끌들 소복하겠다
서리 맞은 소국은 눈 못 뜨고
머리 숙이고 있겠다
감잎은 밤마다 혼자 지겠다
그 소리 빈집 구석구석
마른 잎술같이 쌓여 가겠다
저녁은 대문만 만지다 그냥 가겠다
—이태선(1959~) 〈빈집으로 보내는 가을 편지〉 전문

시인은 여기서도 다 보고 있다. 천리안千里眼이다. 그러나 추측을 나타내는 어미 '—겠다'의 반복으로 리듬을 만들어내고 있으며, 단정이 아닌 여백의 상상 공간을 허락하고 있음이 재미있다. 우리도 두고 온 빈집의 사물들, 그 적막의 동태를 다 감지할 수가 있겠는데, 운동화 끈이 '고요히 바래가겠다'든지 감잎 지는 소리가 '마른 잎술같이' 빈집 구석구석 쌓여가겠다는 이 낯선 상상이 왜 이리 가을의 실체를 체감케 하는가. 아직 낯선 이 신인의 새로움. ■ **중앙일보 2002. 10. 7**

말과 숨결로 나를 방문한 온유여,
언 손을 여기 얹고 이마 내리노니
시끄러운 사람들의 도시를 지나
님이여 친구가 어깨 떨며 운다.
그 겸손하고 작은 물 내게 묻어 와
떠돌던 날의 더운 몸을 씻어준다.

하루를 마감하는 내 저녁 속의 노을,
가없는 온유의 강이 큰 힘이라니!
나도 저런 색으로 강해지고 싶었다.
불타는 뜬구름도 하나 외롭지 않구나
—마종기(1939~) 〈온유溫柔에 대하여〉 부분

마종기 시인의 시를 읽을 때마다 이국의 들판에서 홀로 비를 맞고 있는 모국어의 시린 뒷등이 떠오르곤 했다. 그러나 그의 시는 눈물 질금거리지도 않았고 상처의 속살을 쉽게 내보이지도 않았다. 그 다스림이 쉽지 않았으리. 이제 그는 '온유溫柔'를 말한다. 그런 역정 뒤의 온유이기에 '큰 힘'으로 다가온다. '자기 과시적 흥분이나 과장을 하지 않는'(정현종) 마종기의 시. 노자老子의 '상선약수上善若水'. 가장 여린 것이 가장 강하다. 지금 당신은 어떠하신가. ■ **중앙일보 2002. 10. 8**

거대한 반죽 뻘은 큰 말씀이다
쉽게 만들 것은
아무것도 없다는
물컹물컹한 말씀이다
수천 수만 년 밤낮으로
조금 한 물 두 물 사리 한 개끼 대 개끼
소금물 개고 또 개는
무엇을 만드는 법을 보여주는 게 아니라
함부로 만들지 않는 법을 펼쳐 보여주는
물컹물컹 깊은 말씀이다
—함민복(1962~) 〈딱딱하게 발기만 하는 문명에게〉 전문

강화도 어디쯤 은거하고 있다는 그가 낡은 집 방문 열고 앉아 작취미성으로 바다를 내다보고 있는 게 보인다. 그러나 그의 가슴은 성성적적惺惺寂寂이다. 별들로 반짝이며 깨어나는 고요다. 물컹물컹한 말씀이 물컹물컹하지 않다. '소금물 개고 또 개는'은 또 얼마나 놀라운가. '뻘'의 생명률生命律이 실체로 보인다. 사람들아, 함부로 발기하지 말라. 그런 그대들 실은 임포텐츠다. ■ 중앙일보 2002. 10. 9

벌써
몇 번째

어둠을 뚫고,

고요에
이마를
부딪치는

열매가 있다
—유재영(1948~) 〈소리〉 전문

나는 이 시인이 쓰는 시를 시조時調로만 읽지 않는다. 그냥 시로 읽는다. 물론 이 시인의 짧은 노래는 시조에서 연유된 것일 터이고 그 응축력도 거기서 훈련된 것이리라. 우리 시조가 우리 모국어의 그런 힘을 키워냈다. 한밤 시인은 열매가 떨어지는 '소리'를 듣고 있다. '고요에 이마를 부딪치는'. 그냥 소리만이 아니다. 들리지 않으나 들리는 소리가 있다. 색즉시공色卽是空, 그 울림은 '무한無限'이다. 매이지 말자. 시조를 뛰어넘는 시조. ■ **중앙일보 2002. 10. 10**

이 가죽 트렁크

이렇게 질겨빠진 이렇게 팅팅 불은, 이렇게 무거운

지퍼를 열면
몸뚱어리 전체가 아가리가 되어 벌어지는

수취거부로
반송되어져 온

토막난 추억이 비닐에 싸인 채 쑤셔박혀 있는, 이렇게

코를 찌르는, 이렇게
엽기적인
—김언희(1953~) 〈트렁크〉 전문

어느 남성 시인은 '뚱뚱한 가죽 부대'라고 하더니 이 여성 시인은 '트렁크'네. 이 '천박한 몸'의 의식을 프로이드나 라캉으로 풀어내고들 있는 모양. 혐오스럽다. 이제 시는 공부자孔夫子 말씀대로 '사무사思無邪'의 그것만이 아닌 세상. 그렇다 해도 그 궁극은 '순수'에 닿고자 하는 몸부림으로 읽힌다. 그리로 가는 길이 이토록 어둡고 찢어질 대로 찢어져 있다. 어쨌건 '트렁크'라니. 지퍼가 달린. 그 개폐開閉가 스산하다. ■ **중앙일보 2002. 10. 11**

언제부터인지 공중전화 박스 옆을 지나칠 때면 호주머니를 뒤지는 습관이 생겼다 그때마다 손에 잡히는 50원짜리 동전이 따스해진다 돈이라고는 한번도 벌어본 적이 없는 아내가 다른 주민들이 거들떠보지 않는 아파트 꽃밭을 가꾼 음덕으로 흙 속에서 캐낸 보물이다 맨땅 판들 어디 돈 나온다더냐 하더니 생길 때도 있네요 평생 처음 번 거니 당신 줄게요 웃으며 건네주던 아내의 모습이 떠오른다
—오시영(1952~) 〈햇빛〉 부분

••••••
••••••

이렇게 소박한 시가 가슴을 칠 때가 있다. 그럴 때는 대개가 그것이 감성이든 실제든 시인의 체험과 독자의 체험이 맞아떨어질 때다. 50원이라는 이 어마어마한 돈. '보물'. 상징은 힘이 '쎄다'. 내게도 그런 게 하나 있다. 6·25 때 실종된 내 맏형이 남긴 일어판 낡은 영어 콘사이스 하나. '정진근鄭鎭瑾' 이렇게 쓰고, 목도장 하나가 찍혀 있다. 내겐 아주 '큰 책'. ■ **중앙일보 2002. 10. 12**

만리에 풀 한 포기 없지만 만리가 풀 한 포기 만리에 비가 오고 만리 밖에 그대 있네 문을 나가도 만리 나가지 않아도 만리 잠시 우산을 들었다 놓을 뿐이다

—이승훈(1942~) 〈우산〉 전문

••••••
••••••

이 모더니스트 시인이 왜 이러시나. '조주록趙州錄'이라도 읽고 계시다는 건가. 비아냥거림이 결코 아니다. 그가 열어놓은 사물들의 우주공간이 여기에 이르렀다. 그는 이제 어디나 내통內通하고 있다. 굴신자재屈伸自在. 만리가 풀 한 포기가 되기도 하네. 그러나 그의 저 '만리'가 그가 갇혀 있던 니힐의 극단이라는 걸 놓쳐서는 아니 될 일. '잠시 우산을 들었다 놓을 뿐'인 그 미동微動 속에서도 펼쳐지는 '만리'가 왜 이리 아득한가. 그는 혼자다. ■ **중앙일보 2002. 10. 14**

그 어떤 절망에게도 배꼽이 있구나
그 어떤 희망에게도 말 걸지 않은 세월이
마당의 소주병들처럼 나뒹굴며 폭우 아래 지나갔다.
그 위를 뒤덮으며 풀들이 화염처럼 지나갔다.
풀을 베자 뱀허물이 여럿 나왔으나
사내는 아직 웅크린 채 한 채의 폐가여서
폐가는 이제 낡은 외투처럼 사내를 품는지
밤새도록 쌈 싸 먹는 뒤곁 토란잎의 소리, 삽짝 정낭 지붕 위의 조롱박들이 아침에
시퍼런 똥자루처럼 자꾸 힘껏 빠져 나온다
—문인수(1945~) 〈폐가의 배꼽〉 부분

나 참, '폐가'가 소멸로 끝나지 않고 생성生成으로 이어지네. 탯줄이 되네. '배꼽'이 되네. 폐가가 토란잎의 싱싱한 형상으로 태어나고 '시퍼런 똥자루' 같은 '조롱박'으로 열리네. 절망이 희망으로 몸 바꾸네. 그것도 '자꾸 힘껏'. 어제는 정선 어디 산여울에서 발을 씻고 있었는데, 오늘은 해남 고정희 시인 무덤가에서 혼자 소주병을 입에 물고 있는 시인. 그는 지워져가는 것들을 참지 못한다. 늘 그것들을 찾아 떠나고 있다. ■ **중앙일보 2002. 10. 15**

작별하는 가을의 뒷모습이
수묵색 눈물비에 젖어 있는 날
작별할 수 없는 내 사랑 서러워
그대에게 뻗은 가지 잘라 버렸습니다
그러나 마음속에 무성한 가지 있어
마음의 가지는 자르지 못했습니다

길을 끊고 문을 닫아도
문을 닫고 가지를 잘라도
저녁 강물로 당도하는 그대여
그리움에 재갈을 물리고
움트는 생각에 바윗돌 눌러도
풀밭 한벌판으로 흔들리는 그대여
—고정희(1948~1991) 〈가을 편지〉 부분

가을비는 참기 어렵다. 이런 날 저 중당中唐의 이하李賀는 '귀신이 우는 듯 빈 풀밭에 비는 뿌리고'(鬼雨灑空草)라 했는데, 나도 일찍 죽은 시인들이 떠올라 못 견디겠네. 면면들 가운데서도 얼굴이 길기만 했던 고정희高靜熙. 그가 술 취해 부르던 쑥대머리. 누가 보아도 팔자가 심상찮아 보였던 얼굴. 그리움에 재갈을 물리다니! 그는 지리산에서 죽었다. 아무래도 음陰의 신령인 귀鬼가 되어 그는 지금도 한벌판 내리는 가을비로 저승 편지를 보내오고 있네. ■ **중앙일보 2002. 10. 16**

내 그대의 물소리 안으로 들어가 살리 달빛 저렇게 밝아서 휘파람새 티끌같이 긁힌 울음 하나에도 내 가슴가죽 미어지도록 두근거리거든 그대의 물소리 안으로 들어가 살리 철벅철벅 그대의 물소리 밟으며 들어가서 내 살아있음의 그리움도 안타까움도 아린 살 벗듯이 한 겹씩 한 겹씩 모두 벗어 버리고 다시는 다시는 나오지 않으리
—오태환(1960~) 〈천마산 물소리〉 부분

왜 이렇게 '다시는 다시는' 거듭 그 자신을 다짐케 하는가. 얼마나 그리움에 혼쭐이 났으면 저러할까. 겪어본 이들은 자알들 아시겠지만 그리움은 독이다. 아마도 달빛 푸른 가을밤이리. 이 시인은 '천마산 물소리' 속으로 철벅철벅 알몸으로 걸어 들어가고 있다. 거기가 구원이다. 이 시의 절창은 '휘파람새 티끌같이 긁힌 울음'. 그것도 달빛으로… 섬세한 감성의 실핏줄이 말씀의 살갗에 돋아나 있다. 서정의 결이 빠듯하고 견자見者의 눈이 관능으로 젖어 있다. ■ **중앙일보 2002. 10. 17**

허리 굽고 귀도 절벽인 노승이
누덕옷 속에
길을 모두 감추고 떠나버려서

그곳으로 가는 길은
아무 데도 보이지 않았다

뜻밖에 일찍 뜬 달이
둑 위 가랑잎과 누워 섹스하는 모습만
훔쳐보고 돌아왔다
—이성선(1941~2001) 〈도피안사到彼岸寺〉 전문

••••••
••••••

이제 거기 당도해 있는가. 성선聖善이 그립다. 실제로 도피안사는 강원도 철원군 동성읍을 지나 북으로 한 삼십여 분을 달리다 보면 거기 산자락에 숨어 자리하고 있기야 하지만 거기엘 가보셔도 성선은 없다. 실은 그리로 가는 길도 없다. 노승이 지운 것이 아니라 성선이 시로 지워버렸다. 마침내 번뇌를 벗은 당신의 마음속에나 한 채 절은 태어나기 때문. 그러나 이 시가 시가 되는 묘법妙法은 한 덩이 달이 가랑잎과 섹스하는 그 원융 합일의 엑스터시. ■ **중앙일보 2002. 10. 18**

연동 운동 활발한 푸른 창자 같다
변비라곤 모르고 살 것 같은
대나무들, 방귀를 뀌어도
나무 냄새가 난다
악취는 풍기지 않겠다고
속을 비우는 저 단호한 법도
무릎 꿇고 오래 우러를 일이다
—이진수(1962~) 〈대나무 3〉 전문

이 친구 마음 공부가 대단하시네. 시의 '단호한 법도法度'를 터득하고 있으시네. 나로서는 생면부지의 시인. 시집(《그늘을 밀어내지 않는다》)을 뒤져보아도 생년과 출생지, 농사일을 하고 있다는 그것뿐. 그게 마음에 든다. 삶의 사족蛇足을 깨끗하게 들어낼 줄 아는 시인. '나무 냄새가 난다'. 그의 다른 시 한 대목만 더 읽자. '궁합이 영 아닌지/골짜기를 입처럼 오무렸다/퉤 하고 뱉어 내면/산은 나를/퇴짜놓고 마네'(〈퇴짜〉). 이 사람 냄새, 이 정갈한 겸허. 서정춘徐廷春 시인이 입 다물겠네. 이 놀라운 또 하나의 '죽편竹篇'. ■ **중앙일보 2002. 10. 19**

저 바다 단풍 드는 거 보세요.
낮은 파도에도 멀미하는 노을
해안선이 돌아앉아 머리 풀고
흰 목덜미 말리는 동안
미풍에 말려 올라가는
다홍 치맛단 좀 보세요.

남해 물건리에서 미조항 가는
삼십리 물미해안
허리에 낭창낭창 감기는 바람 말며
길은 잘 익은 햇살 따라 부드럽게 휘어지고
섬들은 수평선 끝에서 그대 처음
만난 날처럼 팽팽하게 잡아당기는데
—고두현(1963~) 〈물미해안에서 보내는 편지〉 부분

거기가 어딘지 나는 모르지만 이 가을 그리로 떠나고 싶다. 가을은, 아니 단풍은 산의 것인 줄로만 알았는데 바다에서도 '멀미'를 할 지경이네. 해안을 돌아앉은 여성의 '흰 목덜미'로 보아낸 그 이미지도 새로운 탄생이다. 거기에 해안 삼십 리 길의 가을바람. 가을햇살. 그것들의 '낭창낭창'과 '잘 익은'이 내보이는 말씀의 '몸'. 그 감성의 유약柔弱을 얼른 알아차린 수평선의 팽팽함. 그 남성적 추스름. 수평으로 누워서 일어서는 시. ■ **중앙일보 2002. 10. 21**

제
43
일

흰 달빛
자하문紫霞門
달 안개
물소리
대웅전大雄殿
큰 보살
바람소리
솔소리
범영루泛影樓
뜬 그림자
흐는히
젓는데
흰 달빛
자하문
바람소리
물소리
—박목월(1916~1978) 〈불국사佛國寺〉 전문

각 연 2행 8연의 시를 연 구분 없이 옮겨보았다. 이 가을 홀로 떠나 불국사 마당에 나도 이 시처럼 명사형으로만 서 있고 싶다. 명사형의 자유로움이여. '앙상한 등나무, 늙은 나무, 저물녘 까마귀, 작은 다리, 흐르는 물, 사람 사는 집. 옛길, 가을바람, 비쩍 마른 말. 석양은 지고, 애끊는 사람은 하늘가에'(정민 옮김). 원元, 마치원馬致遠의 사詞 '추사秋思'다. 일찍이 그도 이렇게 가을날을 명사형으로 읊었다. 가을은 모든 수식어를 지운다. 그러나 그 빈자리가 왜 이리 깊은가. ■ **중앙일보 2002. 10. 22**

생각이 많은 검정 개 한 마리와
종일 바람이 밀며 가는 물이나 보면서
나는 물가를 서성였다

때로는 집나간 애를 부르듯
쉰 목소리로
호오이 호이 새들을 부르기도 했다

물 속 버드나무 사이 어슴프레한 빛 속으로
가창물오리 몇 점이
떠올랐다
—장석주(1955~) 〈혼자 산다는 것〉 부분

'완전주의자의 꿈'을 꾸며 어둠이 오는 저녁거리마저 등불 내어 걸어 활발하게 바꾸어놓던 그가 숲속 물가를 홀로 서성거리고 있다. 경기도 안성시 금광면 오흥리 393. 이게 그의 현주소다. 부쳐온 새 시집 '물은 천 개의 눈동자를 가졌다' 봉투에 그렇게 씌어 있다. 이제 그는 몸을 급하게 데우거나 부풀리지 않는다. 조금 있으면 '검정 개'도 '새들'도 '가창물오리'도 그가 서성이는 물가를 떠날 것이다. 종일 바람이 밀고 가던 그의 물결도 해인海印으로 잔잔해지리라. 여기에 이르기까지 그가 선택한 '자발적 낙오와 소외의 선택'이 저녁 어스름으로 슬프게 깔린다. 혼자 사는 남자여. ■ 중앙일보 2002. 10. 23

어미를 따라 잡힌
어린 게 한 마리

큰 게들이 새끼줄에 묶여
거품을 뿜으며 헛발질 할 때
게장수의 구럭을 빠져나와
옆으로 옆으로 아스팔트를 기어간다
개펄에서 숨바꼭질하던 시절
바다의 자유는 어디 있을까
눈을 세워 사방을 두리번거리다
달려오는 군용 트럭에 깔려
길바닥에 터져 죽는다
먼지 속에서 썩어가는 어린 게의 시체
아무도 보지 않는 찬란한 빛
—김광규(1941~) 〈어린 게의 죽음〉 전문

《희미한 옛사랑의 그림자》(1988)의 시인. 그의 시는 평면적일 정도로 일상에 기대고 있지만, 그건 도식의 남루를 벗어낸 어떤 진실이며 질서다. 목소리는 낮으나 엄청난 사회와 역사에 대한 도전이 언제나 거기 도사리고 있다. 어린 게의 죽음을 '찬란한 빛'으로 보고 있음이 그것. '바다의 자유'가 그 빛의 죽음의 실체이기 때문. 이 시를 읽고 나서 거리에 나가보라. 아슬아슬하다. '어린 게'들이 종로를 을지로를 테헤란로를 가득 기어다니고 있다. 오, 저 슬픈 횡보橫步들— ■ **중앙일보 2002. 10. 24**

어둠 돌돌 말아 청한 새우잠,

누굴 못 잊어 야윈 등만 자꾸 움츠리나

욱신거려 견딜 수 없었겠지
오므렸던 그리움의 꼬리 튕기면
어둠 속으로 튀어나가는 물별들,

더러는 베개에 떨어져 젖네
—박성우(1971~) 〈초승달〉 전문

우회와 굴절들, 그 폐쇄회로의 지리멸렬이 우리를 피곤케 하는 시들에 염증을 내고 있는 독자들이 있으시다면 이런 시를 다시 읽어보시라. 다시 시에 맛들이실 수가 있으시리라. '화'한 맛이 나는 감성의 불꽃놀이가 이 시엔 있다. '튀어나가는 물별들'의 하늘이 눈앞에 가득 열리리라. 초승달을 그리움의 '야윈 등'으로, 그 '욱신거림', 아픔의 응축과 분출을 '튀어나가는 물별들'로 사물화한 이 슬픈 역동성力動性이 왜 이리 개운한가. ■ **중앙일보 2002. 10. 25**

차고 깊은 겨울밤,
'오' 하며 둥글게 오므린 입 속으로
샛노란 목젖이 울렁울렁인다
둥글둥글한 입안의 목젖 넘어
새 몇 마리 들어간다 달이 내려놓는
몇 천의 지네발에 붙잡힌 마을 지붕들이
두 어깨를 들먹인다
먼 길 돌아와 초췌한 길들이
리본처럼 출렁인다 높고 낮은 산들이
곱사춤을 춘다 저 목구멍 근처,
단맛이 가득해지자 내장에 불이 켜진다
'오' 안의 실핏줄마저 모두 켜진다
—신지혜(1960~) 〈내가 그린 달〉 부분

한 신인의 시다. 다르다. 감탄사는 밖으로 발성하고 그것을 있게 한 풍경들은 안으로 조밀하게 흡인한다. '오'는 빨판 그 자체다. 끌려가지 않고 끌어들인다. 어제 오늘 날씨가 차다. 곧 겨울밤이 당도하리라. 달빛 푸른. 그런 겨울밤 하늘의 새 몇 마리가, 달빛 지붕들의 흐느낌이, 초췌한 길들이, 높고 낮은 산들이 그의 내면에 가득 자리한다. 감탄사 '오' 그 자체가 그것들의 '몸'이 된다. '단맛'은 무엇인가. 충만이다. 충전이다. 불을 켜지게 하는. 그러나 비극적인. 풍경의 예인曳引, 그 감성의 밧줄이 팽팽하다. ■ **중앙일보 2002. 10. 26**

감나무쯤 되랴,
서러운 노을빛으로 익어 가는
내 마음 사랑의 열매가 달린 나무는!

이것이 제대로 뻗을 데는 저승밖에 없는 것 같고
그것도 내 생각하던 사람의 등뒤로 뻗어가서
그 사람의 머리 위에서나 마지막으로 휘드러질까본데,

그러나 그 사람이
그 사람의 안마당에 심고 싶던
느껴운 열매가 될런지 몰라!
새로 말하면 그 열매 빛깔이
前生의 내 全설움이요 全소망인 것을
알아내기는 알아낼런지 몰라!
—박재삼(1933~1997) 〈한恨〉 부분

모서리가 닳아질 정도로 그가 헤프게도(?) 써먹던 '눈물나고나'. 그렇게 하염없이 바라보던 삼천포 앞바다가 바라보이는 곳도 아니고, 엉뚱하게 타향 공주 초입에 누워 있는 '재샘이 형'(나는 생전에 그를 그렇게 불렀다). 지금 춥겠다. 어깨가 시리겠다. 저승에 가서 '그 사람'의 '안마당'에 이 늦가을 한 그루 감나무로 이승의 한을 풀고나 있는가. '느껴운 열매'로 휘드러지고 있는가. 이 시에는 삼생三生이 다 있다. 전생, 현생, 후생을 두루 건너다니는 사랑이 있다. 그래서 '재샘이 형'은 '아득하면 되리라'라고 했는가 보다. '全설움', '全소망'으로— ■ **중앙일보 2002. 10. 29**

콩밭 지나 뒤란
쪽문 앞에 앉은 고양이,
눈에서 가을 떡갈나뭇잎이 부스럭댄다
정점으로 박힌 아우성은 서서히 소진되어
흔들림없이 무언가 응시할 뿐
서리내린 갈대밭을 기어
집으로 돌아가는 쓸쓸한 노을 하나
본다
털에 세운 모든 촉각들은
눈(眼)으로 가는 길고 먼 회로回路
어두운 길 위에 쏟아지는 피문은
울음 하나,
눈(眼) 속에 처연히 울고 서 있다.
—우대식(1965~) 〈눈(眼)〉 전문

이 시의 시안詩眼은 '겹눈', 복안複眼이다. 시인의 눈에 든 스산한 늦가을 풍경이 고양이의 눈에 있고, 그 풍경들이 시인의 눈에 되비쳐들면서 새로운 '속풍경'들로 태어난다. 고양이는 털끝까지 곤두세운 촉각으로 흡인하고 있다. 고양이의 눈은 그 날카로운 낱낱의 화면이다. 조락凋落의 풍경들이 내는 울음소리마저 담고 있다. 직선적인 평면의 서정시들이 크게 놀라지 않을 수 없는 입체적 교감交感. 알고 보면 다 보인다. 세상의 사물들은 이렇게 소통하고 있다. 신통神通이여. ■ **중앙일보 2002. 10. 29**

벌초하러 가는 길

문득 삼십 년 전 홧김에 길가의 돌멩이 하나,
주인도 모르는 밭에 무심코 차 넣은 생각이 났다

나는 부리나케 차를 멈추고, 흉가처럼 버려진
자갈밭의 무겁고 날카로운 돌 두 개 양손에
들고 길로 나왔다
하늘은 푸르고 들판은 조용했다
—김규성(1950~) 〈기억〉 전문

벌초하러 가는 길에 자신을 벌초하고 있다. 잊고 있었던 자아의 발견이다. '무겁고 날카로운 돌 두 개'다. 그것들을 주워내고 있다. 얼마나 개운했겠는가. 예측하지 못한 순간에 이런 해방이 허락될 때가 있다. 홍복이다. 차라리 절망이 편하고 희망이 오히려 두려운 일들로 미만彌滿해 있는 세상을 어렵게 통과하다 이런 시를 만나면 '하늘은 푸르고 들판은 조용해'진다. 그 투명한 정적이 두렵다. 그런 것들은 늘 상실의 위기를 예감케 한다. 당신도 지난 초가을 벌초를 다녀오셨는가. 당신의 내부에 한 봉분, 피폐한 무덤은 없는가. ■ **중앙일보 2002. 10. 30**

담장 위에서 저렇게
자신을 확연히 드러내 보이는 붉은 장미는
얼마나 몸 밝은지
제 모습에 덧칠 된 빛깔에 취하지 않으려
몸 속에 들이대는 가시는
얼마나 차가운지

가시와 꽃잎이 서로를
절반쯤 죽여주는
죽은 가시와 죽은 빛깔이 만들어내는
세상의 담장 위를
가시가 달려가고 꽃잎이 달려가고
—엄재국(1960~) 〈절정〉 전문

봄날에 읽어야 한껏 어울릴 시지만 '덧칠 된 빛깔'에 취해 있는 '붉은 장미'로 뒤덮여 있는 욕망의 담장을 이 시간에도 누구나 하나씩 지니고 있으리라. 사유가 광기를 통제하고 광기가 사유의 빗장을 열어야 할 그런 담장 하나씩을 쌓고 있으리라. 장미 가시를 절제의 사유로, 꽃잎을 욕망의 광기로, 그 경계 넘기를 '서로를 절반쯤 죽여주는' 이른바 차연差延으로 읽어낸 의식이 놀랍다. 서로 다른 것이 하나로 이어진 경첩이 거기 있다. 이 또한 공즉시색 색즉시공空卽是色 色卽是空이거니. ■ **중앙일보 2002. 10. 31**

제3부

노래는 참말이다

노래는 참말이다

박재삼朴在森 시인이 즐겨 쓰는 말 가운데 하나인 '노래는 참말'이라는 말을 전혀 교육을 받지 못해 까막눈이셨던 그의 어머니가 그가 시인이 되었다는 소식을 어디선가 듣고 교훈 삼아 주셨다는, 그야말로 지적인 오염이 전혀 되지 않은 순수한 육성의 말. 속살의 말.

그렇다. 노래는 참말이다. 그리고 시는 노래다. 그러니까 시는 참말이다. 소설이 허구화된 언어라면 시는 심정이 저 밑바닥으로부터 울림하는 진솔한 말씀의 보표譜表다.

그런데 이 말씀의 보표譜表들이 요즈음 이 땅에 막무가내로 넘치고 있다. 그런 만큼 이 땅이 '참말'의 세상이 되어가고 있다는 것일까. 이 땅의 사람들이 너나없이 '참말'을 하고 싶다는 것일까. 올해(1990년) 1월부터 10월 사이에 문예지와 시동인지 중심으로 발표된 시가 9천8백여 편이 넘고 있다. 11월, 12월에 발표될 것들까지 합하면 1만여 편이 넘으리라는 추산이다(한국문화예술진흥원 통계). 여기에 또 다른 매체인 신문, 종합지, 여성지, 각종 기관지, 사보 등의 것과 방송 매체의 것들까지를 합한다면 가위 짐작할 만한 숫자가 될 것이다. 어디 다른 나라에 이런 현상이 있을까 싶다. 우리나라는 시의 나라다. 나쁠 것이야 없다. 하긴 우리나라는 선비문화가 곧 시의 문화였던 조선

시대의 문화적 전통을 가지고 있다. 일자무식의 농민·노동자들도 노래(노동요)라는 자연스런 형식을 통해 시라는 예술 장르의 원형적인 수용을 몸으로 해왔다. 할 수도 있다.

그러나 무분별은 역시 좋은 것이 아니다. 시인이라는 전문인들의 시가 아마추어리즘의 그것과 구분이 되지 않는 안일한 소산의 그것들이라면 우리 문화의 적신호가 아닐 수 없다. 우리에겐 요즈음 들어 권위주의에 대한 인식의 잘못으로 소중한 것마저를 지우려드는 오도된 대중적 집단의식이 크게 자리하고 있다. 저 풍성한 이 땅의 시들이 모두 '참말'이기를 기대한다. 그렇다. 노래는 참말이다.

(1990)

시를 위하여1

* 지구地球. 이곳엔 아직 벌레들도 있고 새들도 있고 그 이름보다도 완강하게 떼로 몰려 피어나는 달맞이꽃들도 있다. 떡 먹듯 나를 배반하고 떠나는 여자들도 있다(등 돌리고 떠나는 여자들의 뒷모습이 가장 추하다). 재채기도 있다. 재채기의 직전直前, 그 아슬아슬한 쾌감의 절정이 있다. 나는 떠나지 않겠다.

* 나는 요즈음 백까지도 다 차례대로 세지를 못한다. 자꾸 틀린다. 처음부터, 하나부터 다시 시작하지만 또다시 틀려서 또다시 처음으로 돌아간다.

하나에서 둘 사이, 둘에서 셋 사이, 열일곱에서 열여덟 사이, 그 틈으로 '잡것'들이 매우 빠른 속도로 틈입闖入한다. 내가 '잡것'들을 부르는지도 모른다. 그것들과 놀 때라야 나는 가장 평화로우니까. 그것들만 나와 잘 놀아주니까.

* 묘유妙有. 늘 한참씩 버려두었다. 기다리다 지쳐, '기다리다 지쳐'가 다시 지쳐 제가 제 몸을 지우기 시작할 때, 바로 그때, 등돌려 어둠 속으로 묻히기 시작할 때, 그는 급히 그 몸 곁에 다가갔다. 그때까지 그

는 추운 산 가득 부는 바람소리만 들었다. 익은 음식 한 그릇 먹지 않았다. 연기 오르는 마을도 그냥 지나쳤다. 아, 언제나 그렇게 손목을 잡았다.

* 여자는 나이가 들수록 여자가 되어간다고 믿게 되었다. 남자는 나이가 들수록 아이가 되어간다는 말이 그래서 옳다. 그런 마지막 남자를 여자는 받아들일 줄 아니까. 다 낳아보고 다 키워보고 그러고서도 마지막으로 한 번 더 낳고 더 기르고 싶은 것이 여자라는 걸 알게 되었다. 시詩는 그렇게 가야만 한다는 걸 알게 되었다.

* 서귀포西歸浦 중문 대포엘 가보면 하루종일 아랫도릴 남빛 바다로 씻고 서 있는 끼끗한 바위들이 운집雲集해 서 있다. 어디서 떼 지어 달려오다 바다에 묶인 저의 한恨들을 씻고, 내가 씻지 않으니까 나를 대신 씻어주고 있다는 생각이 들었다. 저렇게 씻고 또 씻어도 다 씻지 못함은 저를 씻음이 아니라 세상의 아랫도릴 씻고 있음이란 생각이 들었다. 내가 '해인불海印佛들'이라 이름했다. 감히.

* 마음공부는 진도 나가기가 아니다. 복습도 예습도 아니다. 어제 접어둔 페이지에서 다시 시작하려 하지만 처음으로 다시 돌아가 있다. 완벽하게. 첫 페이지부터 다시 펼쳐야 한다. 자리를 뜨지 말라. 시詩는 바로 그런 질서다.

* 비 개인 한낮. '환한 고요'. 뜨인 눈과 열린 귀가 함께 있는 실체. 그래서 거기엔 새로운 빛과 소리를 보고 듣는 놀라움이 있다. 초월이 있다. 이승과 저승 사이, 저 '중유中有'의 세계마저 보이고 있다. 마흔아홉 날을 떠돌고 있는 죽은 내가 거기 있다. 의식의 끝없는 상승과 하강 사이, 거기 아직 한 사람인 내가 아득히 자리하고 있다.

* 가을. 서로 다른 것들이 저마다 슬픈 초점焦点을 만들고 있다. 되도록 극미極微한 쪽으로 아득히 기울고 있다. 소리를 내지 않는다. 소리를 참는다. 그래서 가야 할 길이 더욱 멀다. 그리고 넓다.

* 잠시 들러본 존재의 집 한 채. 햇살은 땅거미가 되어 떠났지만, 댓돌엔 그가 벗어놓고 들어간 신발이 한 켤레. 뒤축이 많이 닳아 있다. 곧 불이 켜질 것이다. 따뜻하게 슬픈.

(1994)

시를 위하여 2

* '휘영청'은 충만이며, '배고픔'은 결핍이다. 그러나 그것들은 똑같이 '완벽한 위태로움'을 지니고 있다. 하나는 분출의 이미지로, 또 하나는 함몰의 이미지로 '직전直前'의 긴장과 탄력을 만들어내고 있다. 그래서 하나다. 달밤이 그렇다고 노래한 시인이 있다. 휘영청 달 밝은 밤에는 배가 고프다고 말한 시인이 있다.

* 사랑은 절대 충만이며 그 탄력이다. 마침내 저 무한 궁륭穹隆의 아득함으로 치솟아 올라 가물가물 한 점 실체로 잦아들게 하는 외로움이 있다.

* 알겠구나. 그렇게 몸이 뜨거워지지 않던 까닭을. 욕망만으로 서둘면 서둘수록 발기되지 않던 까닭을. '에어가 가득찬 보일러'는 가동되지 않는다고 쓴 시인이 있다. '속이 깨끗한 잠자리', 그렇게 비워낸 잠자리라야 '이내 뜨거워질 수 있다'고 쓴 시인이 있다.

* 때로 센티멘털리즘은 건강하다. 자주 눈물을 흘려서 탈이 되지만, 눈물 그 자체는 순결의 둥근 '핵'이기 때문이다. 우리 시의 모더니즘 속에서 때로 그런 센티멘털리즘을 만난다.

* 플러그 공장을 하나 차려야겠다. 슬픔을 생산하는 플러그, 섹스를 생산하는 플러그, 죽음을 생산하는 플러그, 시를 생산하는 플러그, …… 그대들의 몸에 그걸 꼽기만 하면 원하는 대로 좌르르르 빛의 코인들이 쏟아져 나오는 슬롯머신! 깡패들을 거느리고 다니는 마피아의 대부가 되겠다. 플러그를 잃고 모두 정전 상태가 되어 있는 어둠들에게 은빛 절정이 되겠다. 폭력을 쏘는 폭력!

* 어느 날 보았다.

모천회귀母川回歸. 길을 잃은 한 마리 가여운 연어가 낡은 플라스틱 리본을 머리에 꽂고 비 내리는 골목길을 기웃거리고 있었다. 옷 한 벌 새것으로 사주고 싶었다. 다 젖었을 터이니까.

* 요즈음 사람들은 '무늬'라 하지 않고 '상처'라고 말한다. '무늬'와 '상처' 사이의 거리. '무늬'라는 말 속에는 수용과 극복이 있고 '상처'라는 말 속에는 거부와 저항이 있다.

* '웬 꽃이다요'라고 쓴 시인이 있다. 이 설의적 영탄 속에는 어렵게 꽃을 만난 자의 한스럽고 가난했던 세월과, 그래서 풍요에 익숙하지 않은 자의 두려운 기쁨이 있다.

* 아무도 따먹지 않은 겨울 사과 한 알. —이미 에덴 시절에 따먹었는데 이제 와서 그렇게들 비껴간다고 죄가 씻어질까? 까막까치에게 넘겨줄 수는 없어. 나 지금 이렇게 배고픈데 내가 가서 따먹을게. 아무도 따주지 않아 기다림으로 온몸을 새카맣게 태운 숯덩이. 별미일 거야. 쓴맛을 알아야 인생을 안다고 했어. 그 황홀한 죄를 내가 짓겠어.

* 절정의 위치는 가운데가 아니라 소멸의 직전이라는 생각이 든다. 절정은 넘치는 풍요가 아니라, 어렵게 간직한 마지막 두세 송이의 꽃

이라는 생각이 든다. 그렇게 깨끗이 늙으신 어른 한 분을 모시고 싶다.

* '빈집'은 제나(自我)를 지웠을 때 비로소 사물들과 사귀게 되는 하나의 공간이다; 놀이터이다. 시인은 이 놀이터이자 그 주인이다.

* 바다, 그 거대한 여(성)女(性). 이미 모든 남근男根들은 그에게 동정童貞을 바쳤는지도 모른다. 페미니즘의 원초가 거기에 있다(?).

* 아직 가보지 못했지만, 올여름엔 나도 거기에 가보고 싶다.

'전라남도 해남군 송지면 토말리'. 욕망의 끝, 자신의 '지도그리기'를 끝낸 자가 마침내 당도한 공간, 또는 그런 시간이라는 게 그렇게 명징한 하나의 이름으로 존재할 수 있을까. '토말土末'이라는 말이 그런 상징적 과장을 우리에게 줄 수 있다는 것은 우리 인간이 숙명적으로 유한한 존재일 수밖에 없다는 사실과 맞물려 있다. 그러나 그 '토말' 앞에 펼쳐진 끝없는 바다에 우리 인간들은 한 척씩의 배를 띄우고 꿈의 항해일지를 남겨왔다.

* 기운이 있어야 부처님께 합장도 삼천 배도 할 수가 있지. 금강산도 식후경이니까. 그러라고 부처님이 민박집 뒤뜰에 토종닭을 놓아먹인 게야. 그것까지 허락하는 부처님을 알아야 너도 부처가 될 수 있지. 그걸 잡아 고아 먹었다고 마음 아파하지 마. 괜찮어! 괜찮어! 불공 들리러 가서 그걸 잡아 고아 먹었다고, 잘못했다고 삼천 배를 하는 시인이 있다. 거 봐! 기운이 나니까 삼천 배도 할 수가 있지.

* 반복되는 '질문'은 질문의 '반복'은 그 자체나 행위가 모두 수상한 것임을 알아야 한다. 다른 뜻이 숨어 있는 음험한 전력이다. 그것은, 너는 곧 함락되고 말 것이다.

(1994)

시를 위하여3

* '잘 빚어진 시의 항아리'를 생각할 것.

뜻글이기 때문일 터이지만 한자어漢字語는 그 한 음절만으로도 여러 갈래의 이미지를 빚어내는 그윽한 힘을 지니고 있음에 대하여 새삼 놀랄 때가 없지 않다. 그 가운데서도 나는 '훈薰'자字와 '도陶'자字를 더없이 좋아해왔다. '훈薰'은 포근한 풀밭의 향기로움으로, '도陶'는 좀 투박하긴 해도 넉넉하게 껴안아주는 저 고향 언덕의 흙빛 사투리로 늘 내게 다가오곤 했다. 이 '훈薰'과 '도陶'는 그 분들의 아호자雅號字 가운데 한 글자이기도 했지만 혹은 지절志節의 시인 지훈芝薰 조동탁趙東卓 선생님의 생전의 모습을 떠올리게도 해주었고, 가까이 모셔보지는 못했지만 도남陶南 조윤제趙潤濟 선생님의 《조선시가사강朝鮮詩歌史綱》을 다시 펼쳐 들게도 했다. 거기에 이렇게 좋은 글자가 하나로 어우러져 아주 뜻깊고 멋진 낱말이 되고 있다니!

자원字源을 찾아보면 '훈도薰陶'라는 말을 다음과 같이 풀이해놓고 있다.

덕으로써 사람을 감화한다는 뜻. 불로 무엇을 굽는다든지 또는 흙을 다져 질그릇을 만들듯이 德을 베풀어서 사람을 敎化 訓育하는 일. 《송사宋史》—선교기자제자善敎其子弟者, 필연명덕지사必延名德之士, 사여지처使與之處, 이훈도성성以薰陶成性

이 풀이를 두고 보아도 '훈도薰陶'는 지시적이고 설명적인 구조로 형성된 말이 아니라, 상징적인 이미지로 이루어진 말이다. 그 담고 있는 뜻은 윤리적인 쪽에 더 크게 기대고 있지만, 이런 면에서 볼 때 시어詩語로서의 향기가 사뭇 그윽하다.

문득 떠오르는 또 하나의 말, 저 1930년대 신비평의 바탕을 이룬 클리언스 브룩스의 《잘 빚어진 항아리》(*The Well Wrought Urn*), 이게 바로 또한 '훈도薰陶'가 아니겠는가. 우연의 일치만 같지 않은 놀라움이 거기에 있다. 대개가 그러하듯 가장 근원적인 세계의 것은 동서양이 다르지 않음을 우리는 여러 차례 만나온 체험을 지니고 있다. 그러함이 또한 여기에 있다. 잘 알려진 것처럼 이 책은 문학을 공부하는 학생들이 시詩 이전의 전기적인 내용 및 사회적 배경에 너무 이끌린 나머지 정작 시가 말하는 바에 대해서는 너무도 둔감한 현상을 보고 학생들을 보다 꼼꼼한 독자들로 만들기 위해 씌어진 분석적인 비평 방법론이다. 한 편의 시를 유기적인 질서로 파악하고 거기에 동원된 어휘 하나하나의 기능적인 이바지를 천착하는 이 방법론은 아직도 유효하다. 바탕, 정체正體, 근원, 본류의 그것은 언제 어디서나 해체될 수 없는 성질의 그것이기 때문이다. 그렇다 '덕德'은 바탕이다. '잘 빚어진 항아리'다. '훈도薰陶'다.

이러한 '훈도薰陶'의 세계를 가장 일상적이며 평면적인 것 같으나 원로들의 시와 말에서 만날 수 있음에 우리는 유의할 필요가 있다. 그윽히 배어 있는 맛에 우리는 너무나 둔감해왔다. 시가 가벼워지고 난마亂麻처럼 얽힌 까닭 없는 표현의 굴절을 무슨 새로운 시미학詩美學으로 간주해왔던 것도 어쩌면 여기서 비롯된 것은 아니었을까 생각게 된다. 그런 뜻에서 《현대시학現代詩學》(1994. 1)이 특집으로 엮은 원로 시인들의 '시화일언詩話一言' 가운데 우리가 기억해두어야만 할 부분들을 몇 대목 아래에 요약해본다.

* 원색原色 짙은 페인트 따위로 마구 도색塗色되어버린 목쉰 부르짖음만이 가득차 있는 어느 동굴洞窟 같은 것이 오늘의 바로 우리가 살고 있는 세계世界요 우리의 시대時代, 우리의 세계世界. (박재륜)

* 인간은 우연히 무無로부터 이 세상에 던져진 것이며, 인간 본질에 앞서서 '물체'처럼 존재하고 있다. 다시 말해 자아에는 물체로서 존재하는 면과, 인간으로서 존재하는 면, 이 두 가지가 있다는 말이다. 시는 이 인간본질이 인간의 자유에 의해서 또 인간의 꿈에 의해서 자기를 형성 확립해가는 그 과정에 놓여 있는 것이다. (김윤성)

* '상투적인 반응(stock response)'에 안주하는 것을 집단적 매너리즘이라고 불러도 좋을 것 같은데 시인 개개인의 타성, 즉 개인적 매너리즘과 함께 이 집단적 매너리즘을 시인들은 경계해야 하는 것이다.

에즈러 파운드가 중국의 금언인 일일신日日新을 그토록 애용한 것이 새삼스럽다. (김종길)

* 어느새 시인들은 오독誤讀의 명수들의 눈치를 보며 쓰다가 자기 얼굴을 잃은 유니폼을 입은 문학청년이 되었다. 이들의 시작을 읽으면 하품만 나온다. 1924년에 나온 파인巴人의 《국경의 밤》을 보면 "하펌(하품)을 친다/시가詩歌가 하펌을 친다/조선朝鮮의 시가詩歌가 곤困해서 하펌 친다(하략)"라는 서시가 있다. 70년 전에 선배 시인이 한 말을 또 다시 말해야 하는가. (김요섭)

* 얼마 전에 작고한 시인 김광균 씨는 여남은 장 쓰면 되는 산문을 2년이나 걸려 겨우 쓴 일이 있었다.

그것은 씨의 산문집에 부칠 자서였는데 이 서문 때문에 책이 부지하세월로 늦어져 나중에는 흐지부지 되고 말았던 것이다.

하루이틀 산에 가야 쓸 수 있겠는데 그게 안 된다고 시인은 늘 처량한 얼굴을 했다. 그처럼 그는 글쓰기를 힘들게 여기는 시인 중의 한 분이었다. 시의 품격이라든가 문자의 멋을 이해코자 애쓰던 선배들이 지금은 거의 다 가고 주변이 좀 쓸쓸하다. (김규동)

* 구호적 성향에 있어온 이들은 내면의 오지奧地를 재인식해야 하고 현실적 사회적 고뇌를 내포에만 축적해온 사람은 의식의 개방이 불가피하다고 여겨진다. (김남조)

(1994)

시를 위하여4

—이우환의 에세이 읽기

> 이우환의 글 속에는 수목들이 있다. 우라노트로피즘, 한 치라도 위로 향해 뻗어오르려는 상승의 기쁨, 흙에서 빛에서 그리고 바람에서 직접 생명의 단백질을 만들어낼 줄 아는 천재들만이 아는 기쁨이다.

이우환의 에세이집 《시간의 여울》 번역본에 붙인 이어령의 말 가운데 한 대목이다. 내 가을의 초입初入을 저러한 이우환이 벌써 여러 날째 동행同行하고 있다. 한 권의 책을 이렇게 여러 날째 들고 다니는 행복을 맛본 지도 참으로 오래간만의 일, 물론 그가 만들어내는 생명의 단백질이 내 결핍의 행간들을 채워주고 있어서이지만 그것은 이어령식의 직선적 감동이나 비유로 나를 채운다기보다는 스며드는 물'살', 또는 '결'의 그것으로 그를 내가 '관계하고' '지각하게' 해주고 있어 더욱 그렇다(나는 좋은 글 읽기란 '아름다운 간음'이라고 쓴 적이 있다).

이미 세계적인 화가로 그 입지가 분명한 그를 이해하는 일도 중요하지만, 그의 글을 한번 통과해 가볼 필요가 있다. 포에지가 있기 때문이다. 또한 전후 일본 미술의 획기적인 미술운동이었던 모노파(物派)의 이론가답게 분명한 사유체계를 그는 지니고 있다. 그의 글에 대한 나의 부끄러운 사족蛇足보다도 두어 대목을 아래에 그대로 옮긴다. 그게 더 신선할 터이다.

> 한창 그림을 그리고 있는데 전화가 울렸다. 도중에서 손을 뗄 수 없어 필사적으로 붓을 놀린다. 전화 벨 소리는 그치지 않고서 이윽고는 거침없이 캔버스로 흘러온다. 나는 신경질이 나면서도 어느 사이엔가 벨의 가락에 맞춰 계속해서 그린다. 끈질기게 울려대던 소리가 겨우 멎었을 때 나도 붓을 놓았다. 그 후, 이것 제법이다 하는 그림 앞에 서면 거기서 불가해한 전화 소리가 들린다. 도대체 누가 뭘 지껄이고 있는 것일까? 수화기가 된 그림에, 보이지 않는 전화의 주인공을 쫓아 눈길은 끝없이 화면 속을 방황한다.
>
> —〈전화벨〉 전문*

> 나의 미니멀리즘은 작품이 싱싱하기보다 공간이 싱싱하기를 바라는 방법이다. 작품은 기호화된 텍스트가 아니다. 에네르기를 축적한 모순을 안은 가변성을 갖는 생명체이고 싶다. 일필의 스트로크, 한 개의 돌, 한 장의 철판의 상태는 그것들이 타와의 대응에 있어서, 힘이 넘쳐흐르는 살아 있는 그것이 아니면 안 된다. 행위에 있어서도 상응하는 소재와 힘이 중요하고, 나아가서는 소재끼리와 주변의 공간과 조응하는 관계항으로서 있지 않으면 안 된다.
>
> —〈무한에 대하여〉에서**

> 뭔가 아득한 태고의 세계를 꿈꾸는 작업 같다. 얄팍하고 작은 새 판자 조각 속에서 나는 몇 억 년 동안이나 잠들어 있는 역사라도 캐어낼 작정인가. 설마, 아니, 실제로 한 번 팔 때마다 뭔가가 보였다 숨었다 하

* 《시간의 여울》, 서인태 옮김, 디자인하우스, 1994.
** 1993년 일본 가마쿠라 근대미술관 개인전 카탈로그 수록.

는 것 같지 않은가. (…) 이런 일을 계속해가면 끝내 판자는 바닥이 뚫려 마침내 끌 끝에서 사라져버릴 것이다. 나는 그 후에도 계속 텅 빈 '무無' 속을 끌 날을 번쩍이면서 언제까지나 파내고 있을 것 같은 느낌이 든다.

—〈목판을 새기면서〉에서***

(1994)

*** 《시간의 여울》, 서인태 옮김, 디자인하우스, 1994.

시를 위하여 5

가을이 깊다. 이미 가을이 시의 상형문자象形文字이기 때문일까. 말이 없이, 1행의 문자文字도 없이 그저 보이지 않는 행간만으로 한밤을 새벽까지 운행運行할 때가 많다.

이 가을에 자신의 내부를 감광感光시킨 한 장의 스냅만을 달랑, 일자一字도 없이 우송해준 좋아하는 한 남녘 시인의 진솔한 가슴이 비로소 감지되어온다.

청탁한 시 다섯 편을 햇살이 조금 남은 이 가을의 모서리에 말없이 놓아주던 한 젊은 시인의 그 손끝이 그렇게 시려 보일 수가 없었다. 가끔씩 마주보며 뜨거운 커피만 홀짝거렸다.

가을비가 내리고 있었다.

도시의 건널목에서 많은 사람들과 함께 푸른 신호등이 켜지기를 기다리고 그렇게 건너가고 있지만, 이런 닫힘과 열림은 그저 통과通過일 뿐 구원도 초월일 수도 없었다. 자신의 시詩의 이슬에는 몇 방울의 피가 언제나 섞여 있다고 오늘도 확인하고 있는 한 노시인의 끊임없는 궁벽과 결핍이 그렇게 소중했다. 그 한기寒氣 속에서 나는 비로소 자유로워질 수 있었다.

허겁지겁 화려한 가묘假墓 앞에 제 스스로 자신의 비석碑石을 화려하게 세우고 있는 그런 모습들은 부끄럽다.

'무류無類'의 아름다움을 생각하자. 우리는 지금 너무 비교와 순번에 시달리고 있다. 아파트의 평수를 늘리듯 그렇게 시는 풍요로워지는 게 아니다. '궁발窮髮의 땅'을 맨발로 밤새워 걸어가고 있는 시인의 야윈 어깨 위에 내리는 별빛을 읽는 일은 언제나 소중하다.

그것이 시의 매력이며 감동이다. 그것이 언제나 시대의 경사를 바로 세우는 한쪽의 무게였다. 결핍의 무게는 모든 무게를 바로잡는 균제와 균형의 원석原石이다.

포장된 희망에 속지 말자.

순식간에 바뀌는 기호들과 기호들의 쓰레기로 넘치고 있는 이 세상에서 가치를 말하고 영원을 말하는 자는 천치에 불과하다는 저 허무주의와 패배주의의 야릇한 비아냥거림 앞에서 당당할 수 있음이 시일 터이다. 시의 자율성일 터이다. 그것이 말의 진실이며 말의 초월성일 터이다. 그것이 진정한 상징일 터이다.

상징은 모든 것의 분모分母이다. 영혼과 현실의 모음母音이다. 상징의 힘, 그것은 혼미와 다양한 이질의 세계에 진정한 다리를 놓고 길을 트는, 마침내는 그 다리마저 지워낸 자리에 화해와 사랑의 집을 짓는 생명적 공간의 생성이다. 그런 삶이 있는 사회가 당당한 사회이며 아름답고 진실한 사회이다.

아마추어리즘은 편안하며 사랑스러울 수가 있다. 그 서투름을 스스로 인정하고 열어 보이는 일상적 진실이 아마추어리즘의 본질이다. '못난 놈끼리는 서로 마주보기만 해도 흥겹다'고 쓴 시인이 있다. 그렇다. 그것이 시정신으로서의 아마추어리즘이다. '사무사思無邪'다.

그 진솔성이 삶의 통로通路를 조건 없이 열어주는 무류無類의 정신일 수는 있다. 그러나 비극적 인식으로서의 몇 방울의 피도 섞여 있지 않은 시의 이슬은 이슬이 아니다.

안일과 나태와 안주를 이 시대의 진실한 시로 등식화等式化하려는 그런 불순한 몸짓의 아마추어리즘을 우리는 엄격하게 경계해야 한다.

이 가을의 햇살 속에서 우리는 몇 방울의 피가 섞인 진정한 시의 이슬들을 만난다.

(1991)

시를 위하여6

'인연생기因緣生起', 모든 존재는 모두 상대적 의존의 관계에서 이루어진다는, 우주만유宇宙萬有에 대한 불교의 근본적인 세계관을 점잖게 풀이할 생각은 없다. 이미 이 말은 한계 지을 수 없는 우주 그 자체로 자리하고 있는 것은 아닐지. 시시각각으로 일어나고 있는 생명의 경련들, 그 선과 선들 사이에 우리도 함께 있다. 시의 '큰어머니', 상상력도 이 연기緣起의 또 다른 모습에 다름 아니다. '나무'와 '강물', 서로 다른 덫을, 그 사이를 이어주는 '다리'들이 거기에 있다.

허만하許萬夏 시인의 별로 잘 알려져 있지 않은 산문집《부드러운 시론》은 이에 대하여 다시금 생각게 하는 세계를, 질감을 구체적으로 지니고 있다. 요즈음의 시인들과는 상당한 침묵의 공간을 두고 있지만, '요설饒舌처럼 날름대는 코카콜라'라고 미국식 자본주의를 그 상표의 로고자字가 보이는 형체에서 비판적으로 읽어냈던 시인, 1960년대《현대시現代詩》동인으로 함께 참여했던 병리학자病理學者, 우리의 전통 와당瓦當에 대한, 특히 귀면와鬼面瓦에 대한 매우 순도 높은 에세이를 읽게 해주었던 매혹의 시인, 이것이 그에 대한 나의 개인적인 체험의 전부였다. 그러나 이번의 이 책은 나로 하여금 그를 좀더 새롭게 만나게 해주었다.

이 산문집은 청마靑馬 유치환柳致環의 시와 삶에 대하여 바쳐지고 있는데 이 점이 예사롭지 않았다. 단순한 연구서나 비평집으로서의 그것이 아니었다. 끈끈한 숨결로서의 그것이었다. 이를테면 하이데거와 횔덜린, 릴케와 로댕, 베르렌과 랭보의 경우는 너무나 잘 알려진 서양문학의 그것들이지만, 시인과 시인의, 혹은 미술가, 음악가, 철학자와의 '만남'이 일화적인 관계를 뛰어넘어 하나의 세계 형성에 봉헌되는 저 내밀한 비교적秘教的 의식儀式들에 가난하기 이를 데 없는 우리의 문학이기에 허만하 시인의 이같은 포즈와 작업은 더욱 소중스럽지 않을 수가 없다. 우리 시인들은 너무 껴안을 줄을 모른다. 감동을 감추는 것부터 먼저 배운다. 되잖은 오만함이다. 그래서 너무 왜소하다. 그러나 혼자일 뿐인, 단독으로 쓰여진 시와 시인은 엄격히 말해서 어디에도 없다. 솔직하지 못할 때 시는 유폐幽閉의 단절을 부르고 난해와 위장술에 스스로 갇혀버릴 수도 있다. 누구의 영향을 받았다거나 관계 위에 놓여져 있다는 것은 결코 부끄러움도 위압도 아니다. 그것이 자연自然이 되었건 인사人事가 되었건 시는 나와 그것들과의 만남을 통한 갈등과 화해다. 연기緣起의 세계다.

이 책의 서문을 쓰고 있는 김종길金宗吉 시인이 지적하고 있듯 1950년대부터 시작된 허만하 시인의 청마靑馬와의 인연因緣과 그 생기生起로서의 이 작업은 정말 예사롭다 할 수 없다. 존재 추구의 인식, 그 시각이 그대로 실천된 연기緣起의 세계가 거기에 있다.

또한 놀라운 것은 '책 속의 책'을 읽게 하는 그의 책읽기, 글쓰기를 이 책에서 만날 수 있게 하고 있는 점이다. 이 또한 연기緣起다. 〈시와 공간〉이라는 표제 아래 쓰여진 그의 한 글에서 그는 청마 유치환이 북만주北滿洲의 허허벌판에서 발견한 공간(〈曠野에 와서〉)과 릴케의 러시아 체험이 바탕이 된 〈오르페우스에게 부치는 소네트〉의 제1부 20번째의 작품에 나타난 공간을 흥미롭게 비교하고 있는데 함께 소개하고 있는 배경 설명들, 이를테면 릴케가 루 살로메와 단둘이서 떠났던 두 번째의 러시아 여행길, 페테르부르크에서 수첩에 기록한

1900년 7월 31일의 글 같은 것은 상당한 설득력을 지니고 있다. 릴케는 거기서 "모든 존재를, 아버지인 하나님의 척도에 있는 사물을 표현할 수 있는 언어는 거의 없다"고 썼다. 이는 릴케와 살로메가 볼가강의 끝없는 풀밭에 있을 때 그들 쪽으로 실제 달려오던 한 마리 백마를 만나고서의 시간과 현재를 뛰어넘는 공간의식을 나타내고 있는 것인데, 체험에 의한 그의 공간의식의 변화를 거기서 읽을 수 있다. 청마靑馬의 "나의 脫走할 思念의 하늘도 보이지 않고"(《曠野에 와서》)에서 보이는 무한공간의 북만주北滿洲 체험이 절망의 그것으로 집약되고 있는 것이 다를 뿐, 서로 연계되고 있다.

이 또한 연기緣起의 세계가 아닐지.

* 사사로운 이야기지만, 이번 여행길에 아무런 분별 없이 가방 속에 넣고 떠났던 두 권의 책이 공교롭게도 허만하의《부드러운 시론》과 릴케의《두이노의 비가/오르페우스에게 바치는 소네트》(안문영 옮김, 文學과 知性社, 1991)였다. 놀랍지 않은가. 일본의 한 농촌 무인역, 오리구지에서 가고시마로 가는 완행열차 속에서 나는 이 대목들을 함께 읽었다. '연기(緣起)'의 아름다움이여.

(1993)

시를 위하여7

시인 진이정의 죽음.

또 한 젊은 시인이 세상을 버렸다(여기서 세상을 버렸다 함은 그가 마지막으로 발표하고 있는 그의 최근 시편들에 근거를 둔 표현이다. "덧없음의 지우개 앞에, 난 흑판처럼 선뜻 맨살만을 내밀 뿐이다", 〈아트만의 나날들〉, 《현대시학》, 1993. 11—이 말은 그의 죽음이 스스로 선택한 의지의 행위임을 뜻한다. 또라는 부사를 쓰고 있음은 지난해 이즈음, 역시 한 젊은 시인이 그대로 드러낸 자살이라는 이름으로 우리에게 절대적인 질문을 던졌기 때문이다. 우리는 이연주라는 이름의 시인을 기억한다).

우리는 왜 이렇게 해마다 젊은 시인의 죽음으로 한 해를 마감해야 하는가. 심상치 않다. 그 개인의 정황에 의한 것일 뿐이며, 흔히 있는 일상적인 죽음 그 자체만으로는 말하기가 어려운 어떤 짙은 기류氣流가 오늘의 우리 시 속에 흐르고 있음을 체감體感한다.

무엇이 오늘의 젊은 시인들을 이 같은 기류氣流 속에 가두고 있는가. 진이정의 최근 시편들을 다시 읽어본다.

죽으면, 그렇다…

그냥 없어지는 것이다
이 사실을 받아들이는 데 거의 삼십 갑자가 흘렀다
그리고 나는 중년을 바라보게 될 것이다
이제 난 구체성의 신, 일상성의 보살만을 믿기로 한 것이다
덧없음의 지우개 앞에, 난 흑판처럼 선뜻 맨 살만을 내밀 뿐이다
아트만이 무너진 마당에
인생이 꿈이란 건, 그 얼마나 뻔한 비유인가
—〈아트만의 나날들〉 부분(《현대시학》, 1993. 11)

나는 꿈을 밀수하러 부둣가를 서성거린다
낡은 비유만이 내게 허용되어 있어라 ; 바람없는 바다의 돛배처럼
바다도 없이, 바다도 없이, 나는 항해한다
아버지, 알고 보니 제가 주였나이다, 나의 십자가는 정전되었다
심심산골의 푸른 구름을 부러워하지 않으리
망망한 저 바다의 물, 나는 그 맛을 아네
그 맛의 이름은 적멸이다 ; 나는 적멸로 궁궐을 짓고 아예 들어 앉는다
나는 지옥을 믿어 ; 쾌락과 나라는 존재를 믿듯이
저 저 미륵전이 내 의식의 그림자라니
그럼 나는 의식을 버리리라 ; 미륵전이 갈 곳, 알지 못해도
아버지, 저는 당신의 가스와 기름과 향로로 만들어졌나이다
—〈거꾸로 선 꿈을 위하여 · 1〉 부분(《작가세계》, 1993 겨울)

목단향으로 나를 태워 다오
몽정의 나날이여, 꿈의 정액이여 : 어디 마땅한 길을 찾아가거라
비단 같은, 비로도 같은, 총구멍 같은, 융단 같은, 너의 질
둔중한 성기로 매를 맞고 싶다
—〈거꾸로 선 꿈을 위하여 · 2〉 부분(《작가세계》, 1993 겨울)

위의 시들에는 이 같은 절망들이 현실적 외압에서 온 것이건 삶에 대한 근원적 질문에서 온 것이건 두렵지도 겁나지도 않는 '마음'으로부터의 적극적인 일탈이 있다. 그는 일상성의 보살만을 믿기로 하며 미래불인 미륵마저 버린다. 의식마저 버린다. 그에게 있어 꿈은 낡은 비유에 지나지 않는다. 아예 적멸로 궁궐을 짓고 들어앉는다. 또 다른 그의 시와 위의 시편 가운데 "아버지, 저는 당신의 가스와 기름과 향로로 만들어졌나이다"에서 보인 현실과의 화해 또한 그러하다. 심지어 그는 자신이 "주였나이다"라고 말하고 있으며, 또한 그의 십자가가 정전되었다고 말하고 있다. 일체의 정신적 소멸을 시인한다.

그러나 이 같은 '마음'으로부터의 일탈이란 건강한 현실적 회귀가 아니니다. 뒤집어놓고 보면 그것은 저러한 그의 꿈을, '마음'을 온전히 담을 수 없는 '몸'에 대한 적극적인 절망에 다름 아니다. 그는 목단향으로 자신을 태워달라고 말하고 있다.

왜 좀더 '몸'을 허락할 수 없었던 것일까. 오늘의 많은 젊은 시인들은 '마음'이 들어가 앉을 자리가, 아니 틈조차 없는 것이 오늘의 '몸'이라 믿고 있는 것일까. 진이정을 문상하고 돌아온 날 새벽, 나의 노트엔 다음과 같은 내용이 적혀져 있었다.

> 천사가 떠난 자리보다도 악마가 떠난 자리가 더 위험하다. 싸워야 할 대상이 없어졌을 때 시인은 무중력 상태가 되어버린다. 싸우는 힘이 시인을 견디게 한다. '원초적인 정기가 조금도 부패되거나 손상되지 않은 최초의 장소와 그 순간'을 시인은 꿈꾸지만, 아니 살아 있을 동안 그것을 위한 상처투성이의 '싸움꾼'으로 바람 잘 날이 없지만, 그러한 장소와 순간이란 사실 이 지상에 없다. 뒤집어 말한다면 그 '싸우는 힘'을 시인에게 주기 위해서, 시인을 견디게 하기 위해서 그것 또한 있다고 해야 더 옳을지 모른다. 악마가 싸움의, 극복의 대상이듯 그것은 시인이 악마로부터 탈환해야 할 '여기'가 아닌 '저기'일 뿐이다. '싸우는 힘'일 뿐이다. 그 까닭일 뿐이다. (…)

악마는 시인을 최면에 거는 무기를 지니고 있다. 시인에게 평화가 왔을 때는 일단 위험한 징후임에 틀림없는 것으로 보는 것이 옳다. 시인이 '싸우는 힘'을 잃는다는 것은 상처가 상처 그 자체가 되어버리는 순간이다. 상처의 힘! 그 팽만한 가죽부대에 악마가 구멍을 내어버린 것이다. 전략에 걸려버린 것이다. 문학은, 시는 끝까지 결핍에 기댈 수밖에 없음을 믿는 것이 옳다. 결핍이, 그 상처가 자양이다.

아, 그러나 한 죽음 앞에 이 같은 내용이 무슨 의미를 지니는가. 시인 진이정이 악마의 전략에 걸렸다는 말인가. 남은 것은 역시 이 시대의 한 젊은 시인이 보인 '몸'에 대한 적극적인 절망이다. '마음'을 '몸'에 돌려주고 '몸'을 '마음'에 돌려줄 수 없음이다. 심상치 않다. 다른 어느 시대의 시에서도 볼 수 없었던 기류氣流가 있다.

(1993)

시를 위하여8

—감옥

'오늘의 우리 시, 그 전환과 징후 읽기'는 언제나 중요하다. 이는 한 시인에게 있어 그 개인사적인 측면에 있어서나 집단적인 삶에 있어서나 반드시, 그리고 끊임없이 이행되어져야 할 의무이며 본질적이고 생명적인 충동 그 자체이다. 시는 대상에 대한 끊임없는 상응과 대응 속에서 새롭게 태어나는 하나의 생명적 '공간'이기 때문이다.

시와 시인에게 있어 '전환'은 무엇인가. 한 시인에게 있어 어떤 시적 성취는 곧 또 하나의 위기 설정과 그 선택을 의미한다. 그것은 독자에게 한 세계의 제시, 또는 우주적 발현으로 반응, 수용되기도 하지만 시와 시인 개인에게 있어서는 하나의 감옥을 의미할 수도 있기 때문이다. 시와 시인은 끊임없이 새로운 세계를 열어가는, '자유'를 위한 역사役事를 몸으로 이행하는 존재들이기 때문이다. 따라서 그 필연적인 과정과, 그 과정을 충실하게 통과해온 갈등과 상처와 극복이 거기 얼마만큼 깊게 새겨져 있는가를 읽어내는 일이 더 중요하겠지만, 전환이 있는 시, 그러한 시들이 살아 숨쉬는 사회가 성실한 사회이며 정직한 사회라고 생각한다. 이것이 개인적인 국면에 있어서나 집단적인 국면에 있어서나 동시 수용되어야 할 시의 창조적인 역사의식이라고 생각한다.

60년대 이후 중요한 시적 성취를 이룩한 우리 시인들의 그러한 내면적 위기와 그 극복을 위한 성실한 포즈, 그 징후들을 90년대 현장의 가장 젊은 시인과 비평가들이 직접 읽어낸 이번의 작업(기획특집)은 때문에 매우 중요한 의미를 지닌다. 이는 단편적인, 그리고 한낱 인상적인 요약이 아니라 오늘의 우리 시 전체에 대한 또 하나의 새로운 길 트기일 수도 있다. 이들의 시읽기가 보이고 있는 의식의 분모가 무엇인가를 전 세대의 시인들이 성실하고 겸허하게 읽어내는 일이 그러한 면에서 더욱 중요하다고 보여진다.

집히는 대로 그들의 시 읽기 가운데 몇 대목을 아래에 옮긴다. 젊은 신세대의 시인들이 전 세대의 시인들을 읽지 않고 있다는 우려는 한낱 기우에 지나지 않으며 오히려 그들이 더 구체적이라는 사실에 편집자는 동의한다.

> 한 시대가 피범벅일 때 순결한 영혼의 소유자들은 매저키스트가 된다. 흰 피를 흘리며 순교하는 승려가 되거나 붉은 피를 쏟으며 제 심장에 이념의 깃대를 꽂는 혁명가가 되거나, 자기 육체에 스스로 칼을 들이댈 용기가 없고 나약한 영혼들은 정신에 칼을 들이대는 시인이 된다.
> * 황지우 / 김중식

> '역'을 이해하면서 그의 시가 잠언화했다는 것은 사실이다. 그가 이루어간 개인사의 서사적 구성은 아버지, 어머니, 그리고 당신이다. 아버지의 결핍화로 이루어진 세계의 치유가 그의 시의 역정이라면 〔…〕 모더니스트의 옷을 그는 완강하게 거부했다. 그는 근대를 부정한 것이 아니라, 근대적 논리의 틀을 싫어한 것이다.
> * 이성복 / 송재학

해안선을 따라 등고선을 그리듯 이어졌다 끊기고, 끊겨졌다 다시 이어지는 익명의 자아인 그의 전신은 "저 미치도록 막막한 그리움"(〈화천〉)으로 떠도는 아니, 도포자락을 나부끼며 또 다른 "목측目測"(〈김정호와 대동여지도·II〉의 길을 찾아 떠나는 한 개별자의 서글픈 응시의 공간일지도 모른다.

* 김명인 / 김철주

젊은 신세대들에게 있어, 아니 시인들에게 있어 당대의 시에 대한 전환과 그 징후 읽기는 이토록 시정신 그 자체이며 시쓰기 그 자체이다. 지금 우리는 어떤 감옥에 갇혀 어떤 또 다른 감옥을 만들고 있는가.

(1992)

시를 위하여9

—소리를 모으는 손, 듣는 손

어떤 사진전의 포스터 하나가 내 손에 들어와 있다. 그걸 깊게 만나고 있다. 그 흑백 포스터는 한 흑인의 얼굴로 가득차 있고, 다음과 같은 문안이 크고 작게 배열되어 있다. 무슨 상징적 표현이 있는가 했더니 아주 극히 사실적인 내용일 뿐이라는 걸 알았다.

Musée d'art contemporain
Pully/Lausanne

Avenue du Général Guisan 85
Du 9 novembre 1991 au 15 mars 1992
Tous les jours de 10 à 18h
Vendredi jusqu'à 20h
Renseignemenets : 021/299146

그리고 큰 글자로

Mapplethorpe

어떻든 요즈음 나는 그 포스터의 잘 생긴 한 검둥이를 사랑하고 있다. 연애하고 있다. 그가 에이즈로 죽은 미국의 사진작가 Mapplethorpe가 찍은 모델이라는 뒷이야기를 나는 믿지 않는다. 그게 사실인데도 믿지 않는다. Mapplethorpe가 그 흑인과 사랑했는지도 모른다. 도대체 그래서 그도 에이즈였을 것이라는 나의 상상은 적어도 모독이다. 나는 사진만으로 알고 있지만 아무리 들여다보아도 그는 신선하다.

왜 신선한가.

잘 생기기도 했지만 '소리를 모으는 손, 소리를 듣는 손'을 그가 지니고 있기 때문이다. 그의 손에는 어떤 거리도 초월할 수 있는 아득한 소리의 공간이 있다. 그는 아주 잘생기고 큰 손을 그렇게 귀에다 바짝 붙여 세우고 있는 모습을 하고 있다. 멀리서 들리는 북소리가 하나로 모아지고 있는 듯하다.

그렇다. 먼 곳일수록 먼 곳을 통과할 수 있고, 그런 소리일수록 소리는 아름답고 분명하다. 진정한 소리는 많은 사물들의 부딪침의 소리를, 그 상처들을 소리로 빚을 수 있을 때 비로소 소리가 된다. 소리 자체가 소리이다. 그러자면 머언 시간과 그만한 거리가 소요된다. 이것은 진실이다.

그런 여자가 진정한 여자라는 것을 나는 또 단 하룻밤의 추억으로 알고 있다. 이쁘고 수다스럽고 옷 잘 입고 그런 여자들 속에, 담배와 술을 즐기는 그런 여자들 속에 오히려 그런 순정純正의 여자들이 있다고 한다면 나 혼자만의 독단적인 고백일까.

아니다.

대체로 먼 거리를 건너온 여자들은 수다스럽고 화장이 진하다. 그들은 상처가 많다. 그래서 수다스럽고 화장이 진하다. 그러나 그들은 '질펀거리는 깨달음'을 안다. 그게 몸이 있는 깨달음이다. '고고孤高'를 말로만 하는, 바라보는 자리에서만 말하는 그런 말 자체를 나는 역겨워한다. 특히 그런 여자는 감옥이다. 그것은 감옥 중의 감옥이다.

그래서!

먼 거리를 건너온 여자들은 진짜 피리를 불 줄 안다. 소리의 소리를 낼 줄 안다.

'피리를 입에 물어 말을 막고 노래가 되게 하는'—

그게 진정한 말이다. 감옥이 아닌 말이다. 이럴 때 나는 지식을 경멸할 수 있다. 힘을 얻는다.

이런 힘이 우리 시에 필요하다. 말이 감오기 되지 않는 힘! 그런 시!

'소리를 모으는 손, 듣는 손'—

(1992)

시를 위하여 10

—신성한 봉인封印

'세상의 생명을 위하여 Pro Mundi Vita'는 정의채 신부가 이끄는 생명문화연구소의 캐치프레이즈다. 굵은 글씨로 깊게 새겨진 세상을 향한 아름다운 문패다. 거기서 '문학과 생명'이란 주제로 아주 진지한, 보기 드문 세미나가 있었다.

자연생명, 인간생명을 위한 환경 문제는 이미 오늘의 우리 시들 속에 깊숙하게 들어와 있지만, 갈수록 우리 사회와 시에 가장 뚜렷한 핫 이슈로 떠오를 게 분명하다.

이 세미나에서 한 시인은 다음과 같이 말하고 있었다. 그 한 부분을 아래에 그대로 옮긴다.

한 시인은 '새의 죽음'에 관해 아래와 같이 읊고 있습니다.

> 침묵을 터뜨리는 소리가
> 울려 퍼지고 새들은 떼를 지어
> 순금의 깃을 치며 멀어져갔다.
> 〔…〕

누구도 보지 못하였지만, 다만
어디선가 아픈 절규가 검게 떨어져,

갈대밭이 수런거리고
어디선가 개 짖는 소리가, 침묵을
완전히 뒤엎고, 하늘의 표류물이 강반江畔을
피로 적시는 것을 보았으리라.

모든 위험을 잊어버린, 새는
죽음의 점토에 떨어져
스스로를 한 폭의 판화로 찍고 있었다.
—박남수, 〈새의 암장暗葬 2〉

그에 의하면 한 마리의 새가 저승으로 넘어가는 일로 인하여 갈대밭이 수런거리고 강변이 피로 젖으며 하늘의 주인들의 온몸에 소름을 쓰는 등의 결과가 일어납니다. 새 한 마리는 엄연히 우주 안에 기록된 한 생명이기에 새의 죽음엔 마땅히 어떤 지진 같은 것이 수반되어야 합니다. 하나의 생명이며 이때는 모든 생명의 상징물이기도 한 새의 죽음은 생명의 집이었던 대자연의 질서를 잠시 흔들어 놓게 될 만한 사건이 능히 된다고 보았습니다. 생명과 생명 사이에는 전도체電導體의 울림처럼 반응하는 자장磁場을 형성한다는 뜻입니다. 한 송이의 백합을 솔로몬의 영혼보다 더 높으신 성서의 취지에서 살필 수 있는 그러한 생명관의 지류는 면면히 흘러 그 한 가닥이 시에 이르렀다고 할 수 있습니다.

〔…〕

동일한 시인의 〈새〉라는 작품에선 "그것이 노래인 줄도 모르면서/그것이 사랑인 줄도 모르면서 사랑하는" 새의 순수를 "포수는 한 덩이 납으로/그 순수를 겨냥하지만/매양 쏘는 것은/피에 젖은 한 마리의 상한 새에 지나지 않는다"는 널리 알려진 시가 있습니다. 여기에서 보는 바는 생명의 불가침, 마치도 신성한 봉인처럼 아무나 손대지 못할 계율이 암시되었으며 절대자의 절대섭리를 옹호하는 단호한 음성으로 듣게 됩니다.

—김남조 〈시詩로 읊어진 생명〉

인간중심주의의 역사가 낳은 인간위해의 문명적 현실. '신성한 봉인封印'으로서의 생명이 생명다워질 수 있는 길을 찾는 시. 새로운 인간억압을 또다시 음모하고 있는 포장된 인간중심주의를 밀어내는 시. 그러한 생명의 시를 생각한다.

(1992)

시를 위하여11

—아, 아득했던 1992년 여름을 나의 몸은
다음 두 편의 시로 마감했습니다

몸 詩·66
—병원에서

몸이 놀랬다
내가 그를 下人으로 부린 탓이다

새경도 주지 않았다

몇십 년 만에
처음으로
제 끼에 밥 먹고
제 때에 잠 자고
제 때에 일어났다
몸이 눈 떴다

(어머니께서 다녀가셨다)

몸 詩·79
—식이요법

사랑하는 내 후배 승자는 숙달된 식이요법으로 내 찌든 몸을 정갈하게 비워놓고, 새벽마다 야채즙을 마시게 해 놓고

(그가 짠 식단은 내 위장의 출입구에 걸려 있고 그가 산출한 카로리 계산표는 내 책상머리에 압정으로 꽂혀 있다 참 이상하다 몸을 위한 그의 카로리 계산표가 그간 내 정신의 균형을 잡아주었다 그걸 나는 숫자로 말할 수도 있다 그건 욕망 넘치지 않게 하기였다 어떤 때는 아주 높은 수치로 되어 있는데도 넘치지 않았다 욕망의 그릇은 一定量의 것이 아니었다 그릇이란 언제나 적고 크게 변하는 屈伸自在의 것이었다 몸이란 그런 것이었다 그걸 승자는 알고 있었다)

그래놓고! 이제는 제가 아프단다 승자가 아프단다 그가 혼자 칩거하는 (그는 칩거를 屈伸自在로 선택할 줄 아는 외로움의 선수다 그는 외로움의 풀잎들로만 식단을 짠다 그의 식이요법이다)

일체의 가구를 치워버린, 그의 몸만을 담고 있는, 그의 방으로 이젠 내가 달려가야 할 차례다 그는 그의 몸을 가장 명징하게 들여다보기 위해 일체의 비유들, 그림 한 장 걸리지 않은 그의 방에 그를 놓아두고 있음을 나는 안다 왜 못 보았을까 비어 있는 바깥 자리들이 너무 넓었던 것인지도 모른다

그래놓고! 이제는 제가 아프단다 승자가 아프단다 이제는 내 차례다 내가 아플 틈이 없다 사는 일이란 순서 바꾸기다 기쁘게 순서 바꾸기다 내가 사랑하는 사람들과는 그렇게 살리라 그런 관계다 역할 바꾸기다 그걸 승자와 나는 피폐한 몸을 두고 해 내었다고 믿는다 그럴

때 욕망은 아름답다 몸이 튼튼해서 그렇겠지만 一等에 시달리는 사람들이 안돼 보인다

梅實엑기스가 지금 그에게 아주 좋을 것 같은데 생것이 없는 철이라 그게 지금 나는 걱정일 뿐이다.

(1992)

시를 위하여12

—녹두따기와 고봉밥

어머니는 내게 있어 언제나 가장 완벽한 나의 '시법詩法'이다. 어머니와의 그런 체험과 기억을 나는 지니고 있으며 그러함들은 내 시의 한 불문율로서 그 바탕을 이루어왔다고 할 수 있다. 그 가운데서도 '녹두따기'와 '고봉밥'이라는 두 개의 명사로 집약될 수 있는 체험과 기억은 내가 그 많은 텍스트들을 통해서 겪었거나 영향을 받은 바 있는 어떠한 이론적 체계들보다도 나를 가장 신선케 하고 투명케 해주는 '몸'을 지니고 있다. 이를테면 '몸의 시학'이다.

우선 '녹두따기'의 사연인즉 이렇다. 나의 시 〈진정한 녹두〉에 나와 있는 다음의 내용이 바로 그것이다. "어머니는 가셨다 이월 열나흗날 지금으로부터 열이태 전 어머니는 가셨다 초가을 햇살 뜨거워지면 모두 튀어 달아나는 녹구, 녹두처럼 때 놓치면 망치는 게 농사라고 마지막 말씀을 남기시고 그것이 인생이라고 눈짓으로 말하시고 어머니는 가셨다 눈물이란 말씀을 나는 비로소 알았다 가장 정직한 녹두 튀어 흩어져 땅으로 돌아가는 녹두 나는 열 번도 더 넘게 녹두를 제때에 거두지 못했다"(〈진정한 녹두〉 부분). 나와 있는 그대로다. 그때도 세상을 예저기 떠돌고 있다가 어찌어찌 연락을 받고 겨우 달려가 손목을 잡아드린 임종의 자리에서 또다시 눈짓으로 주셨던 마지막 그 말씀. 어머니 생전의 어느 가을날, 문학청년다운 치기에 빠져, 아니 나름대로의 허무에 깊게 매달려 시골집 골방에 묻혀 있었던 나를 불러내 어머니는 녹두나 따러가자고 하셨고 마지못해 따라나서 말없이 심드렁해 있는 내게 바로 녹두밭에서 그런 말씀을 주셨었다. "햇살 뜨거워지면 모두 튀어 달아나는 녹두, 녹두처럼 때 놓치면 망치는 게 농사"라고. 어머니의 이 말씀은 농사꾼다운 단순한 농법農法에 지나지 않는 것일 수도 있고, 시의 미학과는 다소 상거를 보이는 교훈적 내용의 것일 수도 있으나, 나는 거기서 나름대로 나의 시법詩法에도 적용될 수 있는 또 하나의 길을 늘 만나왔고 만나고 있는 터이다. 튀어 달아나는 녹두처럼 시는 우리를 기다려주지 않는다. 우리가 시에서 만나고자 하는 존재의 궁극이란 매우 예민한 것이어서 자칫 게으르거나 머뭇거리다 보면 녹두의 경우처럼 일순에 무산되어버릴 수도 있다는 그런 이야기다. 초점의 설정과 긴장의 지속이 중요하며 제자리 지키기, 절제의 냉철함이 없고서는 시의 핵이 만나지지 않는 경우를 나는 그동안 헤아릴 수도 없이 많이 체험해왔다.

다음으로 '고봉밥'의 시법詩法에 대해서 이야기하자. 역시 이를 나는 다음과 같이 시로 옮긴 적이 있다. "우리나란 아직도 밥이다 밥을 먹는 게 살아가는 일의 모두, 조금 슬프다 돌아가신 나의 어머니, 어머니께서도 길 떠난 나를 위해 돌아오지 않는 나를 위해 언제나 한 그릇 나의 밥을 나의 밥그릇을 채워놓고 계셨다 기다리셨다 저승에서도 그렇게 하고 계실 것이다 우리나란 사랑도 밥이다"(〈밥 詩·1〉 부분). 이러한 내 어머니의 밥은 그냥 밥이 아니라 그것도 고봉밥이었다. 한 그릇 다 채우고도 모자라 그 위에 봉우리 하나를 더 얹은 넘치는 충만의 그것이었다. 당신의 기다림과 사랑을 이렇게 실물화하셨던 어머니의 그 고봉밥에서 나는 두 가지의 시법詩法을 터득했다. 그 하나는 시가 아무리 결핍과 상처와 혹은 갈등과 절망을 그 인식의 바탕으로 한다 할지라도 그 궁극은 충만과 화해, 저 어머니의 고봉밥과 같은 사랑의 양식樣式이라는 본질적인 자각이었으며, 또 다른 하나는 역시 저 어머니의 고봉밥처럼 보이지 않는 것을 보이게 하는, 안과 밖이 하나의 몸으로 다시 태어나게 해야 하는 가장 적극적인 사랑의 실체화였다.

(1994)

시를 위하여13

—광합성光合成

일본말로 나무는 KI라고 하며 한국말로는 NAMU라고 한다. 십 년 전에 처음 한국말을 배웠을 때 〈나무〉란 낱말이 나의 가슴속으로 뿌리를 박았었다. 한국에 온 지 두 달 동안 줄곧 아래만 보면서 돌아다녔는데 유월이 되고 처음으로 눈을 들어 봤더니 그들이 잎사귀를 살랑거리며 서 있었다. 그들을 〈나무〉 하고 부르면 내 속에서 〈나무〉가 답례했다. 십 년 공들여 간신히 푸르게 자란 잎사귀들이 눈부시게 펄럭이면서.
—사이토 마리코 〈光合成〉 부분

당신의 시를 읽었습니다. 편집자에게 번역이냐고 물었더니 우리 한국어로 쓴 시라고 했습니다. 그래서 더 놀랐습니다. 너무 놀라워서 이 편지의 머리에 돈수頓首라는 말을 놓아 점잖게 경의를 표하고 싶

* 사이토 마리코. 그의 시를 발표하고 있는 《세계의 문학》(1993 여름)에 의하면 그는 일본 니가타에서 출생, 메이지대학 문학부를 졸업하고 시집으로 《울림 날개침 눈보라》가 있다고 되어 있다.

을 지경이었습니다. 그러나 그 말은 끝내 쓰지를 못한 채 이렇게 적어 가고 있습니다. 아직도 당신 나라에 대한 나의 감정이 자유롭지 못하기 때문이기도 했겠고, 문학은 문학으로 읽어야 한다는 명제로부터도 많이 벗어난 수작이라고 나를 꾸짖었지만 이렇게 되고 말았습니다. 딴은 다른 뜻도 없지는 않으니 비겁하다고 꾸짖지는 마시기 바랍니다.

좌우간 놀랍지 않을 수 없습니다. 일본 사람인 당신이 어떻게 예까지 이를 수가 있었습니다. 한국말로 한국시를 이쯤 쓸 수 있다는 것은 정말 예삿일이 아닙니다. 공부만으로는 어려운 일이지요. 당신은 한국말의 행간을 아주 완벽한 감성으로 왕래하고 있었습니다.

당신은 말했습니다. 십 년을 공들였다고. 그렇지요. 십 년은 짧지 않은 세월이지요. '십 년 공부 나무아미타불'이라는 말이 있듯 꼭 십 년이 아니라 그것은 장구한 세월의 대명사이기도 하고, 십 년이라고 다 같은 십 년이 아니라 공들이기 나름이겠지요. 그래서 당신이 한국말로 '나무' 하고 불렀을 때 당신의 내부에서 '나무'가 답례를 했다고 당신은 쓰고 있습니다. 그렇게 당신과 한국의 나무와 한국말이 '광합성光合成'을 이루었다고 당신은 믿고 있었습니다.

"녹색 식물이 빛의 에너지를 사용하여, 흡수된 이산화탄소와 수분으로 유기 화합물을 합성하는 일, 탄소 동화작용의 한 형식이 광합성光合成."

그게 바로 나무가 하는 일이니 그 표현 또한 놀라왔습니다. 정곡正鵠을 꿰뚫고 있었습니다.

그러나 당신이 쓰신 그 '답례'라는 말이 나는 자꾸 걸립니다. (실은 이 대목이 머리에 돈수頓首라는 말을 아낀 나의 소이연所以然이었습니다.) '답례'란 대답하다, 또는 당신이 교감交感이나 화응和應(Correspondance)의 뜻으로 썼음에 틀림이 없을 그것과는 거리가 있는 말이기 때문입니다. '답례'란 말·동작 또는 물품을 호의로 남에게서 받은 체體를 갚는 이쪽의 또 다른 체體이기 때문이지요. 특히 '갚는다'에 그 의미의 지시성을 강하게 두고 있습니다. 그렇다면 당신이 쓰신 저 놀라운 초월! "마치 말이 되기도 전에 상상을 달래는 꿈과 같이"라거나 "침묵은 어느 나라 말도 아니며 어느 나라 말이기도 하다"고 한 절대 순수의 그 경계초월은 과장이 되어버리고 맙니다. '갚는다'는 상대적 관계 위에서 진행되는 의도적 행위이니까요. 미안합니다. 혹 잘못 쓰신 건 아닐지요. 말꼬리를 잡고 늘어지는 왜소한 인상을 받으셨다면 용서하시기 바랍니다.

아무튼 당신의 시들은 놀라왔습니다. 〈광합성光合成〉도 〈광합성光合成〉이지만, 〈살아계세요〉를 비롯해서 다섯 편의 시들이 모두 그랬습니다. 당신의 시집 《울림 날개침 눈보라》를 꼭 구해 읽을 수 있기를 나는 기대하고 있습니다. 아, 이렇게 우리 모국어가 낯설게 아름다워지기는 이번이 처음이었다는 생각이 듭니다.

(1993)

시를 위하여 14

—시의 달마농법達磨農法

'밀핵시론密核詩論'이란 특수한 용어로 영혼의 구조적인 드러냄이라고 하는 우리 시의 매우 중요한 한 단계를 구체화한 성찬경 시인이 또 하나의 용어를 제시하고 있다. '아케이즘. archaism'이 바로 그것이다. 이 말을 그는 한 신인을 천거하는 글에서 다음과 같이 풀이하고 있다.

> 이는 원시적인 생명력과 순박함을 말한다. 물론 그것은 '무사無邪'의 마음이기도 하다. 동심의 세계와는 다르다. 둔하되 따뜻하고 순박하되 힘이 있다. 단순하되 청순하다. '아케이익(archaic)'한 것에는 어른 애의 구별이 없다. 사람이 성장하면 이우고 사라져야 할 숙명에만 놓여 있는 것도 아니다. 그것은 지속적인 상태의 건강한 생명력이다.

이 용어 또한 우리 시의 또 다른 길잡이가 될 것이란 예감을 짙게 던져주고 있다. 요즈음의 우리 시가 보이고 있는 무잡성無雜性 앞에서, 그러한 삶의 누더기들 앞에서 우리들 누구나가 청정淸淨한 세계를 그리워하고 있기 때문이다.

손에 잡히는 대로 집어든 또 한 권의 책에서도 다음과 같은 구절이 큰 고딕체로 다가온다.

> 농업의 본래 모습인 자연농법은 무위자연無爲自然 손도 발도 대지 않는 '달마농법達磨農法'이다. 허점 투성인 것처럼 보이는데, 사실은 엄격한 자율성으로 흙은 흙, 풀은 풀, 벌레의 일은 벌레에게 맡기는 광대무변하고 자유자재한 부처님 농법이다. 논에는 거미나 개구리가 많이 움직이고 있고, 풀무치가 푸드득거리면서 날아가고, 논 위의 하늘에는 빨간 고추잠자리가 항상 떼를 지어 날고 있다. 그 현상을 자세히 들여다보라. 벼멸구가 크게 발생하면 반드시 그를 잡아먹는 거미 새끼가 쏟아질 정도로 발생하는 것이다.

자연농법의 실천으로 유명한 일본 사람 후쿠오카 마사노부의 말이다. 그가 주장하고 있는 '달마농법達磨農法', 부처님 농법이란 것도 원시적인 생명력의 그것에 다름 아니다. 이러한 세계란 물론 자칫 잘못하면 소박한 자연회귀의 그것으로, 복고적인 그것으로, 더욱 잘못되면 퇴영적인 그것으로 끝날 공산이 크다. 그러나 중요한 것은 생명력이다. 오늘의 시가 보이고 있는 실험적이고 지적인 모든 조작들도 사실 그 궁극은 생명력의 탈환에 있는 것이 아닌가.

지금 우리 시의 농법農法은 과연 어떤 상태의 것인가. 깊게 성찰해야 할 때라고 생각한다.

(1990)

시를 위하여 15

—가을 읽기

가을은
들메뚜기의 翡翠빛 눈망울 속에서
燈불을 켠다.
가을은
죽은 가랑잎을 갉는
들쥐의 어금니에 번쩍거린다.
가을은
墓碑를 적시는
몇 줄기 비로 내려서……

이 하룻밤
내 슬픈 外道에
욱씬거리는
病症으로
온다.
—김민부 〈가을은〉

우리의 요절 시인 김민부의 〈가을은〉을 다시 읽는다. 들메뚜기의 눈망울 속에서, 들쥐의 어금니에서 가을을 읽는 그의 미시적微視的 표현. 그 밀핵적密核的 의식이 놀랍기도 하지만 묘비墓碑를 적시는 몇 줄기의 비, 하룻밤 슬픈 외도外道에서 우리는 가을을 더 짙게 예감한다. 그렇게 머잖아 우리는 가을에 갇힐 것이다. 돌아갈 곳 없는 자의 슬픈 눈물방울 하나가 백근百斤 무게로 손등 위에 떨어지는 그런 방황이 또다시 시작될지도 모른다. 가을이 지닌 비극적 인식의 세계는 아무래도 시에 가깝다. 여름이 산문적이라면 가을은 운문적이다. 누가 눈물 질금대는 감상이라고 고개 젖기고 비켜 가는가. 최고의 감상感傷은 최고의 서정抒情이라고 단호하게 말해버리고 싶은 때가 있다.

'詩 속의 行間읽기', 특집으로 꾸민 이번 호의 시편들 속에서도 그런 세계가 읽혀진다.

금이 간 두개골에 달빛이 스민/미친 사람도 잠이 들면야 어둠에 싸인/핼쑥한 박꽃처럼 보이기도 하나니.

—박희진

붉은 달 아래 소리 없이 땀 흘리며/나는 낳을 것이다./이 세계를/거대한 암흑덩어리를./그리하여 내 태초의 남편아 받아라./이 세계/이 거대한 핏덩어리를.

—최승자

늦은 밤 남면 가는/시외버스 차창에서/고단한 네 하현의 눈썹을 보았구나/봉숭아 물든 손톱 너머로/고향집 마당 가득 푸른 하늘은 펼쳐 있고/가을걷이 끝난 들판 억새밭 위로/희게 웃는 식구들의 얼굴도 보이겠지

—곽재구

가을을 진솔하게 읽는 것은 시를 진솔하게 읽는 거와 같다고 생각한다.

(1990)

시를 위하여16

—가장 민족적인 것이 가장 세계적이다

우리 문학의 오랜 버릇 가운데 하나가 바로 '선택주의'라는 것이다. 이것이냐 저것이냐다. 갈등과 고뇌의 과정은 그것 자체로서 문학의 훌륭한 자양일 수가 있는 것인데 애초부터 이것을 배제하고 무리짓기에만 길들여져 온 이런 흐름은 진정한 문학주의가 아닌 처세주의의 포즈였다는 것이 더 옳을 것이다.

그런데 우리 시문학은 리얼리즘이냐 모더니즘이냐를 놓고 장벽을 쌓으려는 기미를 또다시 보이고 있다. 용어만 바꾸어 앉았다. 모더니즘에 의해 우리 시문학이 예술로서의 미학의 구조를 획득하였음에도 불구하고 이를 지나친 문학주의로 매도하거나 심지어는 외세의 침탈 현상 가운데 하나로까지 규정하는 것도 난센스이고, 리얼리즘에 의해 우리 시문학의 개인주의가 극복되고 보다 굵은 역사의식, 집단의식의 장場을 열었음에도 이를 비문학주의非文學主義로 묶어버리려는 왜소성이 아직도 한 켠에 웅크리고 있음 또한 문제이다. 가치중립적인 화해의 양식이 왜 나쁜가. 그게 비양심인가.

더군다나 지금 우리는 통일전선의 관점에서 모든 것을 수용, 논의해야 될 시점에 와 있다. 이 점 또한 소박한 애국주의로 외면할 것인

가. 저쪽 문학(인식과 정서)과의 접합接合과 극복克服은 피할래야 피할 수 없는 아주 중요한 대목이다. 이데올로기 논쟁으로, 물리적인 힘의 우위성만으로 그것이 해결될 수 있다고 보는가. 문학은 그런 힘의 세계보다도 본원적인 힘의 세계를 언제나 지향한다는 것이 상식이다. 그런 각도에서 이번 〈우리 고전시가와 현대시의 접목〉은 매우 중요하다. 그동안 '세계성'이란 허구에 갇혀 우리것을 외세적인 이론과 방법에 의해서만 해결하려 하였다던 것도 문제이고, 바로 우리 민족의 공통적인 인식과 정서의 세계를 다시 찾고 확인해야 할 때라고 믿기 때문이다.

그동안 이같은 테마에 대한 논의가 이식문화론移植文化論, 전통단절론, 구체적인 실상의 규명 등 여러 각도에서 전개되어왔던 것도 사실이지만 가장 민족적인 것이 가장 세계적일 수 있다는 명제를 두고 이제는 구체적인 작업을 전개해가야 할 때라고 생각한다. 이를 계기로 고전시가에 대한 연구도 보다 문학적인 접근에 의해 전개되고 시인 자신들도 이에 대한 창작적인 해석의 작업을 적극적으로 전개해가기를 희망한다.

(1990)

시를 위하여17

—당신들을 그리면서

시로 깨끗한 이름들이, 깨끗한 손을 지니신 분들이 그리운 오늘, 나는 혼자 당신들을 찾아 나섰습니다. 이제는 모두 잊고 있을지도 모를 수유리水踰里 숲속 4·19 묘지墓地, 그곳을 찾았습니다. 당신들의 뜻을 더럽히고 또다시 더럽히면서 살아온 어쩌면 헛된 나의 스무 해, 또다시 우리 앞길을 가로막는 저 짙은 안개의 정체를 알 길 없어 아프고 아픈 가슴이 당신들의 이름을 부를 수밖에 없게 했던 것입니다. 실로 당신들이 그립고 그리웠던 탓입니다.

이름 모를 산새들이 푸드득거리는 날갯짓 소리만이 이따금씩 들려올 뿐 당신들의 마을엔 흰 눈발이 흩날리고 있었습니다. 오가는 이 하나 없고 천 길 깊이로 고이는 적막만이 감돌고 있을 따름이었습니다. 언뜻 보고 느끼는 것으로는 잊혀진 하나의 '소외疏外의 성城' 바로 그것이었습니다. 실상 오늘의 흐름이 당신들을 한낱 행사적行事的인 의미로만 대접해왔을 따름, 그 고귀한 뜻이 암장暗葬되어온 느낌마저 있었기 때문이기도 했습니다. 그러나 막힌 가슴을 열고 귀를 열고 아니 감긴 눈을 크고 새롭게 뜨고 바라본 그 함묵含默의 물살은 결코 고요하기만 한 것이 아니었습니다.

아직도 눈 부릅뜨고 꼿꼿이 서 있는 깨끗한 이름들, 나는 눈 익은 그날의 이름들을 실로 성지聖地 순례자巡禮者의 심정 바로 그것으로 하나하나 읽어 내려갔습니다.

안승준安承駿·고순자高順子·유재식兪在植·김응수金應洙·나영주羅永柱·김수현金秀炫·송규석宋圭錫·최정규崔正圭·설영헌泄永憲·이기태李基泰·김성수金晟洙·안경식安景植·전무영全武永·손중근孫重瑾·이청수李淸水·김영섭金影燮 … 아아, 그때 수송국민학교壽松國民學校의 꽃다운 어린 이였던 전한승全漢昇의 발그레한 두 볼도 거기 있었습니다. 저승보다도 더 무겁고 캄캄한 한 덩이 압제壓制의 돌을 달고 바다 속에서 건져 올려졌던 당신, 마산馬山의 김주열金朱烈! 당신도 바로 거기에 있었습니다. 당신들의 이름 석 자 위에서 오늘도 수많은 민중들이, 자유와 민주의 당당한 해일海溢이 산더미처럼 밀려가고 밀려오고 있었습니다. 의연한 자유와 민주의 상징으로, 횃불로, 거기에 있었습니다. 역사의 수레바퀴를 바로 세우고, 민주제단에 자유의 피를 뿌린 1백85 위位의 젊은 영혼들, 거룩한 이 땅의 수호신들, 당신들이 바로 거기에 계셨습니다.

이토록 꽃답고 거룩한 당신들이여.

1960년 4월 19일 그날의 당신들의 모습을 어느 시인詩人은 이렇게 소리 높이 노래한 바가 있었습니다.

온 民族의 이름으로
일어선 者여

그것은 海溢이었다.
바위를 물어뜯고 왈칵 넘치는
不退轉의 意志였다. 高貴한 피값이었다.

正義가 이기는 것을 눈 앞에 본 것은

우리 평생 처음이 아니냐
아 눈물겨운 것
그것은 天理였다.
그저 터졌을 뿐 터지지 않을 수 없었을 뿐

愛國이란 이름조차 차라리
붙이기 송구스러운
이 빛나는 波濤여
海溢이여!

그래요. 당신들의 그날의 모습은 무엇으로도 설명할 수 없으리만큼 고귀한 것이었습니다.

"애국愛國이란 이름조차 차라리 붙이기 송구스러운" 절대순수絶對純粹의 바로 그것이었습니다. 온몸 바쳐 뜨거운 피로 써 내려간 민족의 장려한 서사시敍事詩였습니다. 우리의 역사상에 동학東學과 3·1운동을 비롯한 수많은 저항의 꽃이 만발했었다고 하나 당신들이 피운 꽃처럼 필연과 순연純然의 절대적인 의미를 지닌 한 송이 꽃은 없었습니다. 그토록 크고 아름다운 승리의 꽃은 일찍이 없었습니다. 처음으로 있었던 민권民權투쟁의 빛나는 승리요, 호헌구국護憲救國을 위한 투쟁의 개가였습니다. 우리만의 승리가 아니라 자유와 민주를 가꾸고 키우는 오늘의 세계적인 대열 속에 당당이 뛰어든 세기적인 위엄이었음에 틀림이 없습니다.

그러나 어떠했습니까. 그로부터 만 20년이라는 짧지 않은 세월을, 강산도 두 번이나 변했을 그 금쪽 같은 세월을, 당신들이 거듭 당해온 좌절, 그것들을 우리는 무엇으로 씻어 드릴 수가 있었다는 말입니까.

솔직하게 말해봅시다. 젊은 그때의 당신들에게 지도하고 이끌어갈 현실적現實的인 능력이 없었다는 것을 핑계 삼아 그때그때마다 새로운 정치이념이나 목표를 그럴듯하게 내세워왔던 저들 때문은 계층들이 당신들의 거룩한 뜻을 가로채왔음을 우리는 너무나도 잘 알고 있습니다. 어긋난 순리順理를 질타하듯 맞섰던 젊은 학생들과, 그것을 막기만 하려는 쪽의 아픈 갈등 속에서 이 사회는, 이 땅의 자유自由와 민생民生의 발자국은, 뒤로만 뒤로만 밀려나고 있었던 것이 지금까지의 우리 현실이 아니었던가요. 물론 그것은 우리가 직면하고 있는 보다 높고 튼튼한 안보安保의 성벽城壁을 위하여 '유보留保된 현실' 때문이라고 말해온 사람들의 강변을 어느 정도 인정한다 할지라도, 수긍할 수 없는 요소들을 너무나도 많이 안고 있었던 것은 사실이었습니다.

보십시오. 아직도 당신들과 그때 우리들의 4·19가 '혁명革命'이 아닌 '의거義擧'라는 말로 오늘날 인식되고 있습니다. 그러한 관념을 설정하기까지엔 당당한 논리論理를 구축해놓고 있어야 하였겠습니다만 이는 당위적인 것일 수가 없으며, 또 당신들에 대한 역사의 보답일 수도 없다고 나는 생각합니다.

새롭게 꾸며질 헌법憲法에서는 또 무어라고 기록될 것인지 실로 이 시점에서 의문스러운 일이 아닐 수 없군요.

다시 말하지만 4·19야말로 진정한 민중民衆의 것이며 민중民衆의 진실眞實이며, 민중民衆의 가슴속에 살아 있는 별빛이기 때문입니다. 또다시 낡은 것이 사멸死滅하지 않고, 올바른 것이 도리어 사악邪惡의 누명陋名을 쓰는 날에는, 4·19라는 자유自由와 정의正義와 진리眞理의 영원永遠한 보검寶劍은 어떠한 암장暗葬 안에서도 번쩍이며 무덤을 열 것이며, 불의不義를 척결하고 그 음모를 분쇄하는 첨병의 힘찬 행진을 불러내게 할 것입니다.

물론 당신들의 정신은 쉽게 흥분하고 쉽게 뛰어나가는, 그런 행위 자체에 있지 아니합니다. 모두가 참고 견뎌서 조용히 극복할 수 있을 때까지 기다리는 지혜로움을, 더욱 큰 힘으로 지니고 있음을, 우리에게 온몸으로 가르치고 있습니다. 그것을 우리는 알아야 합니다.

당신들의 정신은 바로 한 마리 사자獅子들의 그것임을 우리 모두가 또한 알고 있기 때문입니다. 사자는 쉽게 노怒하는 동물이 아니니까요. 양지陽地 쪽에 누워 졸고 있는 그에게 돌을 던져보십시오. 하나 금방 벌떡 일어서는 경망스러움이 그에게 없음을 확신할 수 있습니다. 경망스러움은 그의 것이 아닙니다. 그는 천천히 고개를 들어 주위를 한번 둘러보고는 이내 아무렇지도 않은 듯이 다시 조는 그런 풍도를 지니고 있습니다. 사자獅子는 또한 함부로 외치지 않는 동물입니다. 아픈 절규를 속으로 조용히 거두어들일 줄 아는, 그리고 한바탕의 기지개로 그 아픔을 삭임질하는 그런 여유를 지니고 있거든요. 내면內面에 잠재된 그 날쌘 행동력과 천지를 진동시키는 사자후獅子吼를 한 번의 행동을 위하여 축적하고 또 축적하는 인내와 지혜를 지닌 동물입니다.

그립고 그리운 당신들, 당신들의 이름을 다시 한 번 불러봅니다.

지금 우리는 잘못 입었던 스무 해 동안의 남루襤褸를 벗고 새옷으로 갈아입고 있는 가운데에 있습니다. 문제는 얼마나 새롭고 얼마나 내 몸에 꼭 들어맞는 옷들을 골라 잡을 수 있느냐는 데에 있겠습니다만, 어렵고 어려운 고갯길이 하나둘이 아니겠지요. 당신들의 그 절대순수絶對純粹가 우리에게 힘이 되어줘야만 하겠습니다. 활짝 열고 나서던 당신들의 진실이 오늘의 우리에게 한 대들보가 되어줘야만 합니다. 아, 제발 당신의 밝고 환한 그 햇살이 우리 모두에게 좀더 강렬하게 비치어질 날이 있어야만 하겠습니다. 아직도 불투명한 우리 앞의 안개를 거두어가는 힘이 되어줘야만 합니다.

이제는 아무도 그릇된 전철을 밟아선 안 되며 서로가 냉엄하고 냉엄한 가운데 살얼음을 밟듯 조심스럽게 물꼬를 한 곬으로 터줘야 합니다. 지난 날의 겉옷만을 벗어버렸을 따름 속곳은 아직도 감추어 그대로 입고 있는 우리들의 모습을 당신으로 하여금 이젠 그만 들켜버리게 완전히 들켜버리게 하십시오. 절대순수絶對純粹의 세계, 당신들의 진정한 뜻 속으로 다시 회귀回歸시키는 용기를 이 땅 위에 넘치게 하십시오. 옛 친구들이여.

이 땅의 정치를 이끄는 이들에게만 책임이 있는 것은 아닙니다. 우리 모두가 아직 어제의 남루를 걸치고 있습니다. 옳은 것을 옳다고 하고 그릇된 것을 그르다고 지적할 수 있는 용기를 인정할 줄은 알면서도, 그 행위에 있어서는 숨어 숨어 외면하는 이 '길들여짐'은 어디에서 연유하는 것입니까. 돈과 권력을 최상最上의 것으로 신봉하는 허약한 시민이라는 지적을 당해 마땅합니다. 아아, 가르치기는 옳게 가르쳤다 할지라도 행行하기는 정반대로 행하는 이율배반, 그 모순矛盾의 뿌리가 너무나 깊게, 그리고 오히려 당당하게 내려져 있던 세월은 이제 마땅히 수정돼야겠지요. 오늘날 너 나 할 것 없이 우리의 생활은 한없이 휘청거리고 있습니다. 기름값, 물가고 따위, 저 불투명한 우리들의 경제經濟 말입니다.

그립고 그리운 이들이여, 당신들의 이름을 또다시 불러봅니다.

당신들의 제단祭壇에 오늘 올리는 향불의 뜻은 여느 해의 그것처럼 결코 하나의 의식儀式으로만 오늘은 끝나질 수가 없습니다. 새롭고 진실된 것이어야만 하겠습니다. 당신들이 보여주신 정신, 그 절대의 순수만이 오늘의 우리를 밝고 힘차게 이끌 것으로 확신하는 하나의 결의가 있어져야 하겠습니다. 그러할 때 비로소 고요히 잠들 수 있는 영혼, 당신들의 영전靈前에 비로소 떳떳한 한 편의 초혼제招魂祭를 지어 돌릴 수 있을 것입니다. 거듭 절하고 절합니다.

(1980년 4·19 스무해에)

시를 위하여 18

—산시刪詩

'산시刪詩'라는 말이 있다. 좋은 시를 골라 제자리에 앉혀 한 권의 책으로 엮는 일을 뜻하는 말이리라. 아마도 이 말은 그러한 일을 최초로 해냈던 것으로 보이는 저 공부자孔夫子의 《시경詩經》으로부터 비롯된 것이라 해도 무리가 없을 것이다. 공부자께서 당시 전래되던 시 3,000여 편 가운데서 시 삼백을 간추려 이룩한 것이 바로 《시경》이었으니까 말이다.

《시경》. '경經'으로 불리게 된 것은 전국시대 말엽부터라고 하지만, 이 만세불역萬世不易의 상도常道를 뜻하는 경전을 두고도 오랜 역사를 통해 논란이 거듭되어왔던 것을 기록을 통해 접해볼 수 있다. 그 가운데 하나가 《논어》의 "子曰 詩三百 一言以蔽之曰 思無邪"(위정편爲政篇)와 "放鄭聲 遠佞人 鄭聲淫 佞人殆"(위령공편衛靈公篇)에서 야기되었다고 보이는 오직 '사무사', 사특함이 없는 순수 그 자체일 따름이냐, 아니면 '음시淫詩' 또한 거기 상당수 혼효되어 있다는 주장 등 단순하지가 않다.

공부자孔夫子의 《시경》이 저러하거늘 다른 것은 말해 무엇하랴. 시를 고르고 제자리에 앉히는 일이란 실로 어렵고도 어려운 일임을 실감할 때가 적지 않다. 더군다나 요즈음 우리 주변엔 시가 넘치고 있다. 실제로는 자본주의, 그 욕망의 구조 속에서 날로 시가 지워져 가고 있는 게 사실인데도 그렇다. 아무래도 이변이랄 수밖에 없다. 하긴 그렇게 발표되고 있는 시들을 보면 그 시의 됨됨이에 관계 없이 모두 자본주의가 이 세계에 가져다준 인간성 상실과 문명의 오염에 대한 저항과 극복의 포즈를 취하고 있기는 하다. 아마 그들도 이 시대의 순수를 지키는 최후의 보루가 바로 시라고 믿고 있기 때문일 터이다. 그렇다면 이 소박한 신뢰를 탓할 게 없다. 나쁠 것도 없다. 이렇게 두고 볼 때 '나쁜 시'는 있을 수가 없지만 '좋은 시'는 따로이 있게 마련이라는 생각이다. 무엇이 '좋은 시'인가. 한마디 말로 줄일 수야 없지만 '시가 되어 있는 시'가 좋은 시가 아니겠는가. 그러나 시가 되어 있지 않은 시가 요즈음 너무 넘치고 있다. 그걸 스스로 깨닫지 못하는 시들이 너무 많다. 아마추어의 그것과 프로의 그것이 구분되지 않을 정도로 혼효의 극단을 보이고 있다. 그래서 '산시刪詩'가 어렵고, 더욱 엄격한 '산시刪詩'가 요구되고 있다.

제도상의 모순과 결함이 있겠지만 해마다 새해 아침의 빗장을 신선하게 뽑아주는 이른바 '신춘문예'의 시들도 그전 같지 않고 정말 시들하다는 이야기들이고, 하루에 평균 한 권 정도로 우송되어 오는 시집들 가운데서도 '이것이다!' 하고 집어들 것이 거의 없다. '산시刪詩'가 제대로 되어 있지 않은 탓이다.

하기야 갈 데까지 가 있는 이 어지러운 혼효 속에서 그것이 얼마나 어려운 일이겠는가. 최근의 자료만으로 두고 보더라도 문예 종합지 17종, 전문지 22종, 동인지 122종에 1년 동안 발표된 시가 시와 시조 합해서 13,000여 편에 이르고 있다(한국문화예술진흥원 1991년도 심의자료). 어떻게 이것들을 다 읽고 거기서 '좋은 시'를 가려낼 수 있겠는가. 물론 가려 읽는 사람들의 꾸준한 시 읽기에 따라 제대로 된 '산시刪詩'의 결과를 얻어볼 수도 있겠으나 그보다도 더 중요한 것은 시인들 자신에게 있다는 생각이다. 시를 쓸 때부터 '산시刪詩'의식을 함께 가져야 한다. 그것이 어떤 형편에 놓여져도 알 바 아니라는 투로 쓰인 시가 좋을 까닭이 없다. 좋은 시들을 보면 이 '산시刪詩'의 의식이 투철하다. 흔히 자신은 초탈한 경지에 이른 양 전혀 독자를 의식하지 않는다고 말하는 경우를 접할 때가 있지만 그것은 단순 영합의 경우다. 누구에게 이 시가 어떻게 읽힐 것인가를 엄정하게 추구하는 일은 시를 쓰는 일 그 자체일 수도 있다.

'산시刪詩'란 시인 자신이 이미 이룬 것을 독자가 다시 만나는 것일 따름이다.

(1994)

시를 위하여 19

—산문과 산문시

산문과 산문시를 구별할 수 없도록 나를 아름다운 혼미 속에 빠뜨린('아름다운'이란 말이 '혼미'라는 말 앞에 자연스럽게 놓일 수 있었던 것은 그 혼미 자체가 나를 깊게 감동시키고 있었기 때문이다) 썩 뛰어난 산문을, 그것도 소설이라는 장르로 읽었다. 최윤의 〈숲에서 숲으로〉(《작가세계》, 1993 가을)가 바로 그것이다.

나는 이 작가에 대한 어떤 정보도 가지고 있지 못하지만 그의 글에 나타나고 있는 감수성과 화법으로 미루어 그가 이른바 해체의 양식에 매우 자유로운 작가일 것이라는 생각을 했다. 우선 이 글은 처음부터 끝까지 독립된 단락들로 되어 있었으며, 그 단락들 앞에 일련번호들을 붙여 갈무리하고 있었지만, 50. 5. 37. 42. … 등으로 배열되어 시간과 공간의 순차적 이행을 처음부터 외면하고 있었다.

그러나 내 관심은 그가 지닌 이러한 가시적 해체의 양식보다도 그의 산문을 시로 자리바꿈 하는 상승과 확산의 '힘'에 있었다. 그런 '힘'을 그의 글은 지니고 있었다. 다음 서너 단락을 그대로 옮기어 본다.

42.

1월 중순부터 7월 중순까지 너와 보낸 약 육 개월 동안, 서울에서는 중구, 종로구, 영등포구, 서대문구(이상 빈도수 순서)에서 시간을 보냈으며 반면 강남구, 강동구, 강성구, 관악구(이 네 구가 모두 ㄱ으로 시작되는 것은 순전히 우연이다)에는 한 번도 너와 같이 간 적이 없었음을 기억한다. 예를 들어 종로구에서는 종로 1가와 2가, 동숭동, 인사동은 자주 다녔던데 반해 도렴동, 체부동, 팔판동, 훈정동은 한 번도 지나친 적이 없다. (…)

18.

잠시 멈춘 고속도로 변에서 네가 한 말을 기억한다. 「우리만 모르는 채, 어디선가 전쟁이 난 건 아닐까?」

21.

네가 먼저 전화하지 않았을 때 너와의 통화는 늘 짧았던 것을 기억한다(그 반대의 경우도 기억한다. 네가 먼저 전화했을 때 너와의 통화는 길었다). 네가 가끔 사용하는, 늘 기다리는 줄이 있었던 공중전화를 기억한다.

52.

숲속이었다. 기억한다. 비가 내리는 숲에는 사람이 없었다. 숲 너머 꼭대기에는 넓은 바위가 있었고 밑으로 보이는 숲속의 초록은 소나기의 분무 속에서 회색으로 보였다. 몇 달 전 숲을 이루는 모든 초록은 다만 초록이라고 단순하게 불리울 수 없음을, 언젠가는 무한하게 차이지워지고 정리되어야 할 그런 초록임을 알았던 그 순간을 기억한다. 타다닥 작은 불똥이 튀기며 내는 소리로 돌 위에 떨어지던 빗방울을 기억한다. 바위 밑의 뽀얀 대기 속에 드러나던 절벽을 기억한다.

짧은 단락들이지만 모두가 리얼리티를 지니고 있고, '기억한다'라는 동사의 반복적 사용을 통하여 과거라는 사실적 체험의 세계로부터 화자가 분리되어 있는 그 상처와 적막을 환기시키고 있음 또한 매우 재미있다. 저러한 글을 '소설'이란 장르로 발표할 수 있었던 근거가 여기에 있었던 듯했다. 그러나 역시 내 관심사는 시로 상승 확산시키는 그 '힘'의 발견에 있다.

짧게 마무리하지만, '42.'의 사실적 공간이 보이고 있는 음성상징(사랑의 이미지와 일치하는 부드러움과 거칢). '18.'의 사랑의 세계, 그 몰입, 현실적 초월과 그 감성. '52.'의 사물들의 '속내읽기', 그 미시적 초점, 혹은 빗방울이 불똥이 되는 그 음성상징(타다닥). '21.'의 자기 위주의 인간적 한계에 대한 혐오와 상징적 표현—

그렇다. 나는 산문시에 대한 또 하나의 정의를 얻을 수 있었다.

비유로 만들어진 정서가 아니라 소설적 체험(리얼리티)의 행간을 통과하면서(빠듯이) 묻혀 가지고 나온 정서, 그 끈끈함이 산문시라고 믿는다.

(1993)

시를 위하여20

—윤무부 새박사와 크라운 빵

우선 내가 쓴 시 한 편을 소개한다. 이 시를 쓰게 된 동기가 새박사 윤무부 교수와 크라운 빵이 무관하지 않기 때문이다.

> 그냥 보아서는 어렵다 八色조차 우리 눈은 한눈으로 가려내지 못한다 八色鳥의 八色은 따로따로 놀지 않는다 이음새가 절묘하다. 서로 끌고 당겨서 一色을 빚어낸다 鳥類保護協會 회원 이향란이가 가져다 준, 가만히 바위 위에서 졸고 있는, 경남 거제도 동부면 학동리에서 윤무부 새박사가 찍었다는 八色鳥의 사진을 며칠 들여다보다가 또 한 手 배웠다 오, 一色이여 美人이여
>
> —〈몸詩·72—八色鳥〉 전문

위의 시는 '팔색조'라는 새를 통하여 그 '이음새가 절묘'한 자연의 조화에 대한 놀라움과, 겉으로는 사랑을 늘상 말하고 있으면서도 저마다 등돌리고 살아가는 우리 인간들의 겉다르고 속다른 '벌어져 있음'을 은근히 꼬집어본 내용이다.

그러나 내가 말하고자 하는 것은 이러한 시읽기에만 있는 것이

아니다. 실상은 다른 데에 있다. 나는 어느 날 제자로부터 컬러사진 한 장을 선물로 받았다. 그 사진은 바로 위의 시에 나와 있는 팔색조의 사진이었다. 새에 대하여 평소 관심이 많은 것을 알고 흔치 않은 새이니 살펴보라고 가져다준 그의 배려가 우선 고마웠다. 처음부터 이를 시로 써볼 무슨 충동이나 욕구 같은 것은 없었고 그냥 그렇게 놓아두고 가끔씩 바라보는 것이 그저 좋기만 했다.

그런데 이 새 한 마리는 또 다른 세계로 나를 이끌어갔다. 그날 나는 일찍 집에 들어가 쉬고 있었다. 평소 TV를 잘 안 보는데, 무심코 리모콘을 누르자 색다른 그림이 펼쳐지고 있었다. 큰 카메라를 어깨에 메고 갈대숲을 헤쳐나가는 한 사람이 거기에 있었다. 처음엔 어떤 사진작가려니 했다. 철새들의 서식지로 유명한 을숙도의 배경이 자못 환상적으로 깔려 있어 아름답기도 했다.

그런데 이게 웬일인가. 일을 끝낸 그가 빵집에 들러 이것저것 빵을 고르는 장면이 나오고 있었고, 몇 마디 대사가 곁들여졌다. 빵의 구수한 냄새에 대해서, 그리고 집에서 기다리고 있을 아이들에 대한 이야기였는데 좀 서투르다 싶었다. 그러고 보니 광고의 한 장면이었고, 놀라웠던 것은 거기 비쳐진 남자가 바로 새박사 윤무부 교수였던 것이다.

나는 다시 한 번 놀랐다. 윤무부 교수가 광고모델로 나오고 있어서가 아니라 바로 내가 책상머리에 두고 아끼는 팔색조의 사진을 찍은 저 유명한 새박사가 실물로 나타났기 때문이었다. 발써 오래전부터 사귀어왔던 친구가 거기에 있는 듯했다.

순간 크라운 빵이 먹고 싶은 충동이 일었고, 나도 윤무부 교수처럼 내일은 집으로 돌아가는 길에 큰 봉지 가득 크라운 빵을 사들고 가리라, 그런 아버지가 되리라는 속마음이 일어나는 것이 아닌가. 물론 그 이틀날 나는 그렇게 했고(그 빵집은 안국동 로터리에 있고 내 사무실은 인사동 골목에 있다) 요즘도 거의 이틀에 한 번씩은 그 빵집엘 들러 식빵이며 아내가 즐겨 먹는 '하드롤', '생크림 소보로' 따위를 봉지에 담아 드는 것이 버릇처럼 되어 있다.

이러고 보니 내 책상머리의 팔색조 사진 한 장은 더욱 두터운 인연으로 나와 밀착되어갈 수밖에 없었다. 그러던 어느 날 위의 시가 쓰여졌다. 물론 위의 시에 담긴 내용은 그 팔색조의 사진과 시적 화자로서의 내가 밀착되어가는 과정만을 그리고 있지는 않다. 내 이야기의 초점은 우리 삶의 과정에는 어떤 계기가 있다는 것이다. 나는 위의 시에서 '이음새가 절묘하다'라는 말을 썼다. 그렇다. 우리가 살아가는 데 있어 가장 중요한 것이 바로 '이음새'라는 것이다.

어쩔 수 없이 우리 모두는 개별적인 존재이다. 그러나 개별적인 존재 그 자체로만 체념적으로 받아들일 때 삶이 허전하고 때로는 배반감 속에서 시달려야 하는 것이 또한 우리 인간이다. 하찮은 팔색조 사진 한 장 같은 것도 가져다준 사람의 뜻을 고맙게 여기고 소중하게 간직한다면, 이렇게 한 편의 시도 쓰여질 수 있고 자기 삶의 영역을 확대시켜주는 아름다운 계기가 될 수도 있다. 그래서 더욱 내가 윤무부 새박사를 좋아하게 되었고, 맛있는 크라운 빵을 저녁 무렵 가득 사들고 집으로 돌아가는 따뜻한 아버지가 될 수도 있었으니 그렇다. 살아가는 일이란 아름답고 평화로움 그 자체라 할 수 있다.

(1994)

시를 위하여21

춥다. 이제 겨울이다. 너와 너 사이를 건너다니는 다리도 끊기고 길도 막히는 그런 '대설주의보'가 어느 날 갑자기 내릴 것 같은 그런 회색빛 불안이 깊게 여미는 저마다의 옷깃 안에서 자꾸 고개를 든다.

이럴 때 좋은 시 한 편을 읽는 일도 하나의 구원이 될 수 있다. 좋은 시는 우리 삶에 막힌 길을 터주고, 차가운 방에 따뜻한 군불을 지펴줄 수 있다.

1.

찌르라기떼가 왔다/쌀 씻어 안치는 소리처럼 우는/검은 새떼들//찌르라기떼가 몰고 온 봄 하늘은/햇빛 속인데도 저물었다//저문 하늘을 업고 제 울음 속을 떠도는/찌르라기떼 속에/환한 봉분이 하나 보인다

2.

누군가 찌르라기 울음 속에 누워 있단 말인가/봄 햇빛 너무 빽빽해/오래 생각할 수 없지만/오랜 세월이 지난 후/나는 저 새떼들이 나를 메고 어디론가 가리라,/저 햇빛 속인데도 캄캄한 세월 넘어서 자기

울음 가파른 어느 기슭엔가로/데리고 가리라는 것을 안다//찌르라기 떼 가고 마음엔 늘/누군가 쌀을 안친다/아무도 없는데/아궁이 앞이 환하다

젊은 시인 장석남의 〈새떼들에게로의 망명〉이라는 좀 색다른 제목의 시다. 찌르라기, 그 작은 철새들이 시 속에 가득 날고 있다. 우리 시 속에는 이렇게 새들이 자주 등장하고 있다. 우리 시에서 가장 빈도 높게, 그리고 깊게 하나의 상징적인 체계를 획득하고 있는 사물, 말들 가운데 하나가 바로 '새'라고 생각한다. 기록된 문헌상의 첫 시가로 꼽히는 옛 시가 〈황조가黃鳥歌〉에서 박남수의 〈새〉에 이르기까지 그 '새들'의 기본적인 속성이라고 할 비상飛翔의 이미지는 우리 시를 동사화하는 여러 모습의 움직임들로 우리 곁을 날아다니고 있거나, 우리 시의 바탕을 이루는 사상의 한 무늬마저 보여주고 있다.

또 한 마리의 새가 이렇게 우리 시의 하늘을 깊게 날고 있다. 혹은 이 겨울에도 맨발로 우리 곁을 종종거리고 있다. '망명'이라는 말이 지닌 농도로 보아 그 표제가 좀 크고 그래서 이미지의 누수漏水 현상을 빚고는 있지만, 그것은 지금의 척박한 삶으로부터의 적극적인 초월을 나타내고 싶어서였을 것이다. 그 초월의 힘을 새떼들, 찌르라기떼의 울음과 날아오름 속에서 그는 훔쳐내고 있다. 이 시에서 그 울음소리는 '쌀 씻어 안치는 소리', 다시 말해 배고픔(결핍)에 충만을 주는 음성상징이 되고 있으며, 그것은 다시 '여기'에서 '저기'로 데리고 갈 수 있는 새의 원초적인 비상의 이미지에 깊게 닿아 있다. 그래서 '아무도 없는데 아궁이 앞이 환하다'. 밝고 따뜻한 세계가 거기에 있다. 또한 그래서 찌르라기떼의 울음 속에서 '환한 봉분'을 만나기도 한다. 주검의 봉분마저 '환한' 밝음의 세계로 자리바꿈되고 있다. 적극적인 만남, 자연과의 화응이 거기에 있다. 모든 상처와 생명의 단절마저 건강하게 수용되고 있다. 그래서 시는 고요한 혁명이라 했던가.

나도 다음과 같은 시를 쓴 적이 있다.

성자 거지 프란치스코가/새들과 이야기할 수 있었던 것은/그가 살아 죽어서, 죽어서 살아!/새가 될 수 있었기 때문이다/한몸이 되었기 때문이다/나도 그럴 수 있을까/살아 죽어서, 죽어서 살아!/뜨락의 작은 나무 하나도 나뭇가지도/한 마리 새를/평안히 앉힐 수 있는/몸으로, 열심히 몸으로!/움직이고 있다
—〈새가 되는 길〉 부분

새들은 하늘과 땅을 왕래한다 저승의 어머니께오서 다녀가신 날이면 우리 집 새벽 마당에 새들의 발자국이 찍혀져 있다 새들은 어디나 건너다닌다 〔…〕 하나님께오선 풀잎들 정갈하게 자라고 풀씨들 까맣게 익는 나라에만 새들을 두신다
—〈새·2〉 부분

위의 내 두 편의 시들에서도 추구하고 있는 것은 적극적인 만남이요, 화응의 세계다. 사랑이다. 그러자면 '살아 죽어서, 죽어서 살아!'가 되어야 한다고 말하고 있다. '살아 죽어서'는 나를 버리기이며 '죽어서 살아'는 함께 살기이다. 그게 사랑의 본질이지 않겠는가. 그렇게 순수해질 때('풀잎들 정갈하게 자라고 풀씨들 까맣게 익는 나라') 비로소 우리는 나와 너 사이는 물론 영혼의 나라에까지 이를 수 있다는 생각에서 저러한 시가 씌어졌음에 틀림이 없다.

겨울이 우리의 길목을 가로막고 있다. 시의 가슴으로 세상의 가슴을 녹이자. 겨울 가슴들을 따뜻하게 녹이자.

그렇게 길을 열고 가자.

(1997)

시를 위하여22

—한 편의 시가 쓰여지기까지

*

'일상의 체험—책읽기—시쓰기'. 반드시 이런 순서를 따르고 있는 것은 아니지만 나의 '시쓰기'는 대체로 이 세 가지의 꼭지점을 서로 순환 교응하는 가운데서 이루어진다. '시쓰기'가 나를 집약하는 가장 구체적인 행위이며 그 결과라는 점에서는 가장 뒷자리에 놓여야 할 것 같지만 그것 또한 그렇지가 않다. 이미 훈련된, 또는 순치馴致된 나의 '시쓰기'의 어떤 보이지 않는 잣대가 가장 일상적인 체험마저 유도하고 '책읽기' 또한 그럼 범주 안에서 이행되고 있을 때가 적지 않기 때문이다. 이를테면 자신도 모르는 사이에 시를 전제로 한 체험과 책읽기 속에 내가 갇혀 있을 때가 많다는 이야기이다. 꼭 전제를 하지 않는다 해도 그런 감성의 연대連帶 속에 나는 늘 자리하고 있었다. 물론 이런 태도는 체험을 왜소하게 만들고 책읽기를 오독誤讀으로 이끄는 위험스러움의 그것이 될 수도 있다. 경계해야 할 일일 것이다. 그러나 오독은 아름답다. 시를 빚어낸다.

아무튼 '체험'도 그렇고 '시쓰기'로 그렇다. '책읽기' 또한 그렇다. 서로 열린 통로를 지니고 그들은 무봉無縫으로 드나든다. 하나의 단어, 한 줄의 글을 읽는 동안이나 한 그릇의 물을 마시거나 한 송이의 꽃을 잠시 바라보는 동안에도, 아니 한 줄의 시를 쓰는 동안에도 그들의 만남은 끊임없이 이루어진다. 이를테면 한 물가에 이르러서 우리는 다음과 같은 김종삼金宗三의 아주 순정純正한 시 한 편을 동시에 떠올렸을 수도 있다.

물 먹는 소 목덜미에
할머니 손이 얹혀졌다.
이 하루도
함께 지났다고,
서로 발잔등이 부었다고,
서로 적막하다고
—〈묵화墨畵〉 전문

*

일상 속에서 늘 보아왔겠지만 열매들이나 꽃들이나 이파리들을 매달고 있는 '꼭지'라는 것이 내게 새삼스런 의미와 이미지로 다가왔던 것은 얼마 전의 일이었다. 그것은 지난해 늦가을 늘 내가 한참씩 쉬어 가곤 하는 사무실 근처 한 미술관의 툇마루에서였다. 나는 아직 남아 있는 늦가을의 햇살 속에서 내 마음의 맨살들을 꺼내어 말리고 있었는데, 그때 그 뜨락의 감나무 한 그루가 내게 다가왔고 거기 까치밥으로 남겨 둔 오직 한 알의, 바알간 맨살의 연시를 위태롭게 매달고 있는 '꼭지'가 일순 크게 확대된 모습으로 나를 압도하던 거였다. 나는 놀랐다. 그때까지 해결을 못 보고 끙끙거려왔던 내 내면의 세계 하나가 아주 잘 극복된 실체로 거기 그렇게 있었기 때문이었다.

그건 다름 아닌 아주 어려서부터 내가 시달려왔던 '안'과 '밖', '개인'과 '집단', 나와 사물 또는 사물과 사물 사이의 문제, 그 거리를 어떻게 하나로 엮고 흔적이 보이지 않는 화해의 이음매로 존재케 한 것인가 하는 문제가 거기서는 아주 시침 뚝 뗀 모습으로 해결되어 있었다. '꼭지'가 그걸 해내고 있었다. '꼭지'는 생명의 통로였다. 생명의 관管, 살아 있는 튜브였다.

그러고 보니 세상의 모든 사물들이 이 '꼭지'의 형태로 맞물려 있지 않은 것이 거의 없었다. 우선 우리를 태어나게 하는 탯줄이 그렇고 자연의 모든 현상들이 그러했다. 인간의 조작물들인 기계들도 다를 바가 없었다. 직선이 되었건 나선이 되었건 요철이 되었건 모두 그렇게 맞물려 있었다. 시는 바로 그 맞물림의 '꼭지'를 찾아내는 작업이며 그런 생명 만들기라는 생각이 들었다.

더욱 놀라왔던 것은 이미지가 이미지를 부르고 의미가 의미를 부른다고나 할까. 그 무렵 나의 '책읽기' 또한 이러함들과 상통하는 것들로 이행되어 왔음을 보고 나는 무릎을 쳤다. 그 흔적들이 나의 공책에 다음과 같이 적혀 있었다.

(A)

"움직이는 물은 그 물 속에 꽃의 두근거림을 지니고 있다"라고 시인은 말한다. 꽃 한 송이가 피어나는 것만으로도 냇물 전체가 술렁대는 것이다.

—가스통 바슐라르, 《꿈꿀 권리》, 이가림 역(열화당, 1990)

(B)

그날그날의 활동에 있어 독자가 끊임없이 무의식적으로 수행하고 있는 용한 방향 부여의 작용을, 작은 일부만 바라보기로 하자. 이를테면 일상적 하루가 시작되는 최초의 수 분 동안에도 일어날 수 있는 많은 안-밖(in–out)의 방향 부여 중에서 몇 가지 예를 생각해 보자.

당신은 잠에서(out) 깨어나, 침구 안에서(out) 방을(into) 물끄러미 본다. 차츰 무감각의 상태에서 벗어나서, 침구에서(out) 나와, 옷을(into) 서둘러 입고, 손을 뻗치고(out), 멍한 채(in a daze) 침실에서 나와서(out), 욕실로(into) 들어간다. 거울을 들여다보니(in), 자신의 얼굴이 이쪽을(out) 보고 있는 것이 보인다. 선반으로(into) 손을 뻗쳐서 치약을 꺼내어(out) 소량을 짜낸다(out). 칫솔을 입에 넣고(into), 이를 급히(in a hurry) 닦고 양치질을 한다(rinse out).

조반을 먹을 때 당신은 더욱 많은 안-밖 운동을 해 보인다. —커피를 따르고(pour out), 요리를 차려 놓고(out), 빵을 토스터에(in) 넣고, 잼을 토스트에 바르고(out) 등등. 일단 분명히 깨어나면 당신은 신문을(in) 읽을지도 모르며, 대화에(into) 참가할지도 모른다. 그리고 무슨 화제에 관해서는 똑똑히(out) 이야기를 할 것이다.

이러한 안(in) 밖(out)의 의미들에는, 공간에서 명확한 방향 부여를 수반하는 것도 있는가 하면, 이를테면 대화에 참가하는 것과 같이 추상적이고도 비공간적인 관계를 수반하는 것도 있다. 그러나, 그것들은 모두 물리적 실체나 사건 내지 추상적 실체나 사건 사이에 관계를 세우는 활동을 필요로 한다.

—마크 존슨, 《마음 속의 몸》, 이기우 역(한국문화, 1993)

(C)

당신은 차이와 분절을 가리킬 수 있는 단 하나의 말을 찾기를 꿈꾸었습니다. 우연히 《로베르 사전》을 뒤적이다가 나는 그 말의 이중적 의미를 받아들인다는 조건에서 그 말을 찾아냈습니다. 그 말이 바로 〈경첩(brisure)〉입니다.

—자끄 데리다, 《입장들》의 주석(솔, 1993)

좀 장황스런 인용이 되어버렸지만, 위의 '책읽기'들은 무슨 체계나 목적에 의한 것이 아니었는데도 그 담고 있는 내용들이 서로 일치되는 세계를 지니고 있었다. 서로가 '마음 속의 몸'으로 만나고 있었다. 서로를 건너다니는 정신의 통로, '꼭지'를 달고 있었다.

인용 (A)는 모네의 그림 '수련'을 투시한 에세이. 물 속에서 피어

나는 수련을 두고 그 피어남 때문에 냇물 전체가 술렁대는 것으로 보고 있는 이 순도 높은 감지의 안테나는 무엇을 뜻하는가. "물은 그 물 속에 꽃의 두근거림을 지니고 있다"는 그 "두근거림"은 무엇인가. 그것은 생명의 화응이다. '꼭지'의 그 열린 생명의 통로가 물과 꽃 사이를 가득 채우고 있는 충만의 현상이다. '꼭지'의 열린 통로, 그것은 물론 상상력의 세계이다. 그러나 그 이전에 이미 생명의 자양으로서의 물과, 생명의 발현으로서의 꽃은 하나의 근원적인 '꼭지'로 크게 맞물려 있었던 거였다.

인용 (B)는 인간세계라는 구체적인 영역(몸)과 예술세계라는 추상적인 영역(마음)을 연결하는 상상력의 고리를 하나의 이미지 도식 구조(image-Schematic Structures)로 제시한 마크 존슨의 구체적 예증. '안'과 '밖'이 동시 병행되고 있는 공간과 비공간 속에서 전개되는 모습들이 아주 재미있다. 그들은 따로 있지 않고 함께 있다. 순환과 교응의 작업을 계속하고 있다. '꼭지'를 두고 있다. "그것들은 물리적 실체나 사건 내지 추상적 실체나 사건 사이에 관계를 세우는 활동을 필요로 한다", 그게 바로 '꼭지'의 활동이 아니겠는가.

인용 (C)는 흔히 '차이'로 번역되는 '디퍼런스(difference)'에 대한 자크 데리다의 내용적인 추구. 아니 그 실질의 세계. 아직 이 방면에 대한 '책읽기'가 부족한 나로서는 자신이 서지 않지만, 이 또한 '꼭지'의 세계로 나는 이해했다. 그들은 서로 떨어진 거리의 존재가 아니라 '경첩(brisure)'이란 말로 만나지는 차연差延의 세계라고 그가 쓰고 있기 때문이었다.

'경첩'이 무엇인가. 《이희승 국어대사전》에 의하면 "돌쩌귀처럼 쓰는 장식의 이름. 모양이 같은 쇳조각 두 개를 맞물려서 만들며, 창문이나 세간의 문짝을 다는 데 씀. 합엽合葉"으로 풀이되고 있다.

이 '경첩'의 '기의' 또한 '꼭지'의 세계 그것에 다름 아니라고 나는 짐작했다. 서로 다른 것을 하나로 이어주고 있으니까 말이다.

거듭 놀라지만 이미지가 이미지를 부르고 의미가 의미를 부르는 예인의 관계가 아무래도 심상치 않다. 이런 관계 세우기, 관계 활동의 하나로 나의 다음 시편은 그렇게 해서 씌어졌다. 그것들은 또 쓰는 행위의 과정 속에서 새로운 체험의 세계를 환기했고, 또 다른 '책읽기'의 행위 또한 동시 병행하였다. 사실적 체험의 변형(분모를 함께하는)이 이루어졌으며 책 속의 또 다른 책을 읽어내었다.

기억나지 않지만 물 속엔 깨끗한 물 속엔 꽃의 두근거림이 있다고 누군가가 말했다 이른 새벽에 안개를 헤치고 가서 풀밭을 한참 걸어가서 물가에 당도하여서 젖은 발로 그걸 보고 들었다고!

그는 다시 말했다 햇살이 그의 따뜻한 혀로 이슬들 핥기 시작한 바로 그때쯤, 마침내 물 속에서 솟아오른 꽃을 두고 오, 물이 알을 낳았다고!

그러니까 꽃은 알이다 그러니까 물은 자궁子宮이다 두근거림이란 회임한 내 아내의 배에 귀를 대고 내가 듣던 바로 그런 소리다 내게도 그런 날이 있었다

상처를 핥아다오, 물 속 꽃의 두근거림아!

—〈몸詩·36—물 속엔 꽃의 두근거림이 있다〉 전문

위의 시에는 나의 바슐라르 읽기가 있고 '나'의 생명적 체험과 하나로 이어주는 '꼭지'로서의 상상력이, 그 소산으로서의 이미지가 있다. 지금은 상실 속에 있는 생명의 희구("상처를 핥아다오, 물 속 꽃의 두근거림아!")가 있다.

거듭 확인하지만 '일상의 체험'과 '책읽기', 그리고 '시쓰기'는 나의 경우, 그 수순에 관계없이 서로 관계를 세우는, '꼭지'를 만들어내는 하나의 생명적 활동으로 함께 자리하고 있음이 확실하다.

시를 위하여23

—우리들 초록빛 개칠의 희망아

온몸을 검은 기름으로 뒤집어쓴 채 날지 못하는 한 마리 새가 되어 페르시아만灣을 힘겹게 걸어가고 있었던 그는 어디쯤서 완전한 어둠에 갇혀버렸을까. 우리들 저마다의 가슴 속에도 이 한 마리 새가 갇혀버린 무덤 하나씩이 깊게 자리하고 있음을 읽는다.

그러나 이 생명오염에, 이 검은 절망 위에 우리는 왜 자꾸 초록빛 희망의 물감으로 개칠改漆을 하고 있는가. 개칠의 희망, 얼마나 슬픈 절망의 몸짓인가.

"푸들푸들 떨리는 내장을 송두리째 긁어내고 짚이나 솜/혹은 방부제 따위를 가득 채운, 잘 길들여진 행복에/더이상 소금 뿌리지 않아도 될 것인가." "과연 나도 박제를 즐길 수 있을 것인가. 껍질만으로도 눈부신". 시인 고진하는 묻고 있다. "껍질만으로도 눈부시다, 후투티"라고 말하고 있지만 이 말은 긍정의 어조가 아니다. '눈부시다'가 아니라 '눈부시지 않다'이다. 자조의 역설적인 그늘이 이 말의 행간엔 짙게 드리워져 있다. "개칠改漆만으로도 고맙지 뭐"이다. 아니 "이 도둑놈들아!"이다.

이것 또한 개칠의 희망인 줄 너무나도 잘 알지만 박제 속의 짚과

솜을 빼어내고 푸들푸들 떨리는 내장을 다시 들여앉히고 싶은 마음으로 시 한 편을 썼다. 신생을 꿈꾸었다.

기억나지 않지만
물속엔
깨끗한 물속엔
꽃의 두근거림이 있다고 누군가가
말했다
이른 새벽에 봄날 새벽에
안개를 헤치고 가서
풀밭을 한참 걸어가서
이슬로 걸어가서
거기에 당도해서 물가에 당도하여서
젖은 발로 그걸 보고 들었다고
말했다
그 누군가는 내 기억으로
흰 수염을 멋있게 기른
다른 나라 노인장이 확실한데
그걸 보고 들었다니!
우리나라 노인장들도
그걸 보고 들었을까를 생각하며
잠시 슬펐다
우리나라 노인장들께선 빨리
이런 일을 끝내고 있으신 게 사실이니까
이 봄날
낡은 보료 위에서
노랗게 낮잠에 드시는 걸
더 행복해 하시니까

그 노인장은 다시 말했다
물속에서 솟아오른 꽃을 두고
물이 알을 낳았다고 했다
그러니까 꽃은 알이다
그러니까 물은 어머니다
그러니까 물은 子宮이다
두근거림이란
회임한 내 아내의 배에 귀를 대고
내가 듣던 그런 소리다
어디 물속뿐이랴
이 봄날
꽃의 두근거림이 천지에 가득하다
우리 노인장들에게
혹은 요즘 세상!
젊은 노인장들도 그렇게 많다고 하시니
이걸 가득히 드린다
상처를 핥아다오
물속 꽃의 두근거림아!
—〈몸詩·36〉(초고) 전문

봄이 아득히 오고 있다. 꽃샘바람이란 말은 정말 이제의 우리에겐 개칠로도 감출 수 없는 퇴색한 언어이다. 하나도 예쁘지 않다. 황사현상이란 말도 합당하지 않다. 그건 그래도 자연의 현상이란 순수성을 지니고 있다. 우린 지금 무겁게 눌려 있다.

그래도 신생을 꿈꾸며, 다시 태어날 미래의 우리 신생아들이 오늘의 물속을 어렵게 건너가고 있는 기형의 물고기들이 아닐까를 두려워하면서 이렇게 초록빛 개칠改漆의 제단을 쌓았다. 스스로 말의 감옥을 짓는 어리석음을 또다시 범했다. 이렇게 살아 있음을 아직은 시를 버리지 않고 있는 여러 독자들과 함께 하느님께 보고한다. 부끄럽다. 우리들 초록빛 개칠의 희망아!

(1991)

시를 위하여24

—시의 본질과 동시의 세계

비교적 잘 엮여진 두 권의 앤솔러지를 놓고 나름대로 동시적 화법과 인식으로 되어 있다고 보이는 부분들을 임의로 추출, 그대로 옮겨보았다. 물론 이 두 권의 앤솔로지는 '동시'가 아닌 그냥 '시'들을 담고 있는 것들이다.

우선 우리 현대시의 초기부터 현재까지의 시들 가운데서 폭넓게 선별한 것으로 되어 있는 앤솔러지에서 옮긴 부분들을 보자. 이는 전혀 연대에 관계없이 추출한 것들이다.

(1) 늦은 저녁 때 오는 눈발은 말집 호롱불 밑에 붐비다/늦은 저녁 때 오는 눈발은 조롱말 발굽 밑에 붐비다 (박용래 〈저녁눈〉 부분)

(2) 사람 사이를 재는 일/너무 힘들어,//컴퍼스를 두 개씩이나 가진/일급 측량사가 쩔쩔매고 있다 (이세룡 〈게〉 부분)

(3) 흙에서 자란 내 마음/파아란 하늘 빛이 그립어/함부로 쏜 화살을 찾으려/풀섶 이슬에 함추름 휘적시든 곳, (정지용 〈향수〉 부분)

(4) 달아날려고 했다.//푸른 도마뱀 떼같이/재재발랐다.//꼬리가 이루/잡히지 않았다. (정지용 〈바다 · 9〉 부분)

(5) 얼골 하나야/손바닥 둘로/폭 가리지만,//보고 싶은 마음/호수만 하니/눈 감을 밖에. (정지용 〈호수湖水 · 1〉 부분)

(6) 산뽕잎에 빗방울이 친다/멧비둘기가 난다/나무등걸에서 자벌기가 고개를 들었다 멧비둘기 켠을 본다 (백석 〈비〉 부분)

(7) 가혜하고 낮잠자는 시간이/제일 행복하다/정록이 목욕시키며/궁둥이 때려주는/오후가/내 마흔 살의 찬란한/아이 된다 (김은자 〈토요일 오후〉 부분)

(8) 지난 해 봄서부터 탱자 나무 한 그루/우리 집 울타릿가에 대장간을 채리고/여름내내 제 목숨에다가 가시를 만들고 있다./여름내내 제 살 속에다가 가시를 박고 있다. (조정권 〈탱자가시〉 부분)

다음의 것들은 가장 최근의 시인들, 이른바 90년대 시인들의 시만으로 엮여진 앤솔러지의 것들이다.

(9) 처음 콜라를 마신 사람은 얼마나 무서웠을까/그 검은 물이 뱃속으로 들어갈 때/혀 끝을 지나 목구멍 너머로,/참지 못할 때까지 흘러들어 가다가/찢어질 듯 독한 그 한 모금으로/이내 다 잦아질 동안/그는 얼마나 자지러졌을까 (배문성 〈처음 콜라를 마신 사람〉 부분)

(10) 귀신이 있다 있다 별의별 귀신이/다 있다지만 나는 이제 서울신탁은행 귀신/내가 세상에 태어나 처음으로 개설한/온라인 계좌 만 원도 오고 삼만 원도 오고/오만 원도 오는 원고료를 갖고 도장 갖고/찾

아가는 곳 버스를 타고 가다가도 서울 신탁은행 지점을 보면 우리 은행야/나는 중얼거리네 우리/은행야 아내에게도 말한다 내가 (김영승 〈서울신탁은행 귀신〉 부분)

(11) 되는 일이 없었다 이브날 여자에게 선물 사들고 메리 메리 뛰어가다/무단횡단으로 짭새에게 걸리질 않았나……성탄절답게 여관이/만원이질 않나 그렇다고 테레비에서 새로운 영화를 하나 (유하 〈불의 폭포〉 부분)

위의 것들이 어째서 동시적 화법을 가지고 있으며, 그런 인식을 가진 것이냐에 대해 의아해할 사람들이 없지 않을 것이다. 특히 (9)부터 (11)까지의 90년대 젊은 시인들의 것을 두고는 더욱 그럴 것이다. 물론 나는 '동시'의 개념에 대한 체계 있는 지식을 갖고 있지 못하다. 다만 '따뜻한 초월적 상상력'으로 표출된 세계를 나는 '동시적'으로 이해하고 있다. 또는 '서정적'이란 말과 '동시적'이란 말을 거의 동의어로 수용하고 있다. 위의 부분들을 이러한 시각에서 하나하나 분석할 겨를은 없지만 이러한 면에서 '동시'의 세계는 시의 본질과 가장 가깝게 맞닿아 있으며 그 자체이기도 하다는 생각이다. 그렇다면 '동시'는 그 아이가 독자들이라는 또다른 역할적 기능이 있겠으나, 그렇다 하더라도 그것이 교육의 기능이 아닌 서정적 깨우침으로서의 시적 본질로 역할되어져야 마땅하다는 생각이다. 거꾸로 시는 거기서 질 좋은 서정성을 얻어낼 수가 있을 것이다. 다만 (9)부터 (11)까지의 부분에서 보이듯 오늘의 '동시적'인 세계, 그 서정성은 재래의 농경문화적 상상력과 감수성으로부터 크게 변전되고 있음을 유의해야 할 것이다.

(1991)

시를 위하여25

—시행詩行의 분절分節에 대하여

매우 중요한 문제를 한 가지 제기하고자 한다.

우리 시는 그 논의에 있어 너무 인식적인 측면에만 갇혀 있는 인상이 짙다. 도시시다, 일상시다, 해체시다, 생태시다, 선취禪趣의 시다, 쉽게 이름표를 붙인 오늘의 흐름들에 대한 논의는 매우 무성하지만, 그 가운데 이를테면 해체시 같은 것만을 두고 보더라도 그것이 표출하고 있는 가시적인 몸짓이 기존이 시형식을 파괴하고 있는 것인데도 정작 그 형식을 이루는 문장구조와 표현에 대한 논의는 부분적인 데에만 끝나고 있다. 왜 그런 몸짓을 하느냐에만 관심이 깊다.

'말'에 대한 논의도 그렇다. 시니피앙이니 시니피에니 하는 용어를 모르는 시인이 없고, 라캉·푸코·데리다를 기웃거리지 않는 시인이나 시평가는 없다. 그러나 이러한 인식들도 순수한 우리말의 차원에서 추구되고 있는 것이라고는 보아지기 어려우며, '말'이라는 추상적 관념을 그 대상으로 하고 있을 따름 문장표현의 구조나 형식이라는 집합적인 관계가 외면된 것들이 대부분이다.

지금 우리 시에는 이러한 국면에서 매우 위험한 현상이 노출되고 있다. 특히 젊은 시인들 쪽으로 내려올수록 이 점은 우심하다. 그것이 새로운 인식의 결과이며 그래서 그 표현은 새로운 것이라고 간과될지 모르나, 명료하지 않은 문장이 너무나 많다. 흔한 말로 시는 '애매성'의 추구이며 '낯설게 하기'라는 말로도 어떻게 해볼 수 없는 경우가 많다. 이는 우선 일차적으로, 첨예한 문학이론에 대한 지적 호기심에 지나지 않는 시각에서 책을 읽거나 소개하고, 사물을 형식적으로 인식하고 있으며, 자신의 삶이 지닌 실존적 바탕 위에서 자신의 감성과 인식을 정리하지 않는 데서 빚어지는 결과라고 지적할 수 있을 것이다. 자신의 사유체계가 제대로 서 있지 않다.

아주 범박하거나 부분적인 지적이 될지 모르나 가령 다음과 같은 사례가 그 하나가 될 것이다. 이는 시행詩行의 분절分節에 관한 것인데, 젊은 시인들의 경우 무슨 유행처럼 번지고 있어 심상치 않다.

①

1. 낭자한 비명이 화살 같은 스카이라인에
2. 걸려 있었다 온갖 죄악과 깊은 화상으로
3. 번들거리는 아스팔트는 열에 들뜬 목구멍을
4. 더욱 깊이 잠궜다 삶의 부호를 쉽게
5. 잊어버리는 사람들이 비틀거리며 달그락거리며

②

1. 길을 걸으며 길을
2. 생각할 수 있다면 길을 바라보면
3. 길만 떠오르고 지난 길은 다 사라져 버렸으면

음절이나 단어, 또는 어절을 시행에서 분절시키는 일은 이미 앞세대의 시에서도 있었던 일이다. 송욱이나 전봉건을 그 예로 들 수가 있을 것이다. 그러나 그들의 경우는 의미나 리듬, 뉘앙스의 효과적인 운용이라는 시적 질서 위에서였다. 앞의 행과 뒤의 행에 동시적으로 의

미나 리듬을, 연계하거나 그에 따른 새로운 감성(송욱의 경우 해학적 어조)을 도출해내는 복합적 구조가 아주 재미있었다. 명료했다는 말이 더 정확할 것이다.

그럼 위의 ①과 ②의 경우를 보자.

우선 의미의 연계성만을 생각할 때도 문제가 있다. ①-2, "걸려 있었다"는 그래도 이해될 수 있다. 1의 "스카이라인"에 연계되고, "온갖~화상으로" 다음에도 놓일 수 있는 도치현상을 읽을 수 있기 때문이다. 그러나 ①-4, "더욱 깊이 잠겼다"는 3의 끝에 놓여져야 할 것을 4로 분절한 것인데, 그 이하의 말과 연계되지 않는다. ②의 경우는 아주 심하다. 의미의 정상적인 연계에 따라 다시 옮겨 적은 다음의 경우를 비교 유의할 필요가 있다.

> 길을 걸으며/길을 생각할 수 있다면/길을 바라보면 길만 떠오르고/지난 길은 다 사라져 버렸으면

왜 스스로를 혼미에 가두는가. 이런 시들을 읽고 있노라면 피의 운행運行과 의식의 운신運身이 순조롭지 못하다. 그것을 노리는 새로운 미학美學인가. 동의할 수 없다. 이에 대한 철저한 논의를 기다린다.

(1991)

시를 위하여26

—시는 몸이다

*

아포리즘은 일체의 관습적 비유의 살을 발라낸 완벽한 골격이다. 아직 사람을 배반한 적이 없는 산山의 등뼈다. 아직 사람을 배반한 적이 없는 시詩의 등뼈다. 시인은 때로 시를 배반하지만 시는 시인을 배반한 적이 없다. 사람은 흔히 산을 배반하지만 산은 사람을 배반한 적이 없다.

뼈다!

아포리즘은 시 이전의 것이다. 그러나 '이전以前'은 가장 아름답게 보존된 원형이다. 영혼의 모음母音이다. 영혼의 몸이다. 아포리즘은 시 이상이며 시 이하이다.

*

되도록 처절한 혼자일 것, 심상心象의 깊은 그림자들과 만날 것, 단 젖을 것, 깊이 젖을 것, 비를 내리게 하실 것, 꿈보다 더 꿈이실 것, 꿈까지 꿈꾸실 것, 그러나 예의 그 눈물 목소리, 그 둥근 굴레로부터 해방되어 있을 것, 둥근 것을 다시 구부릴 것, 음악의 풀밭에서 돋아

나는 싱그런 상추 한 잎, 그걸 어렵게 따 물고 하늘로 날아가는 한 마리 새일 것, 그런 내연內緣의 여자 하날 푸르게 녹이 슬 때까지 깊이 감추어 둘 것.

*

이렇게 이렇게, 아니 사람으로서 할 수 있는 마지막 대목에까지 가서 보아도 지워버려야 마땅한데 내가 지우지 않고 있는 내 삶의 한 대목이 있다. 그렇다면 그것은 '않고 있는 것'이 아니라, '못하는 것'이 아니냐는 반문이 곧 튀어나올 수 있음을 나는 또한 모르지 않는다.

기억하라! "나는 마지막 대목에까지"라고 말했다. 그런데도 지우지 않고 있는 나의 대목이다.

나는 나에게 묻는다. "죽음마저도 너의 자양이 되는가"라고. 물론 그로 하여 나는 지금도 서서히 죽어가고 있다. 아니, 그 죽음이 내 삶의 그 한 대목을 위한 비옥한 자양이 되고 있다.

고백하라! 고백하라! 나는 나에게 명령한다. 그 고백 뒤에 나는 분명히 일상적인 행복을 누리게 될 것이다. 그것을 나는 안다. 나는 교활해지는 삶의 방법을 알고 있다. 세상이 나에게 잘했다고 박수를 칠 것이다. 그 박수 소리 뒤에 나는 한없이 외로워질 것이다. 그것을 나는 안다. 나는 이완의 행복이 얼마나 맛있다는 것을 알고 있다.

"나의 적敵은 가장 소중한 나의 애인이다."

나는 시를 포기할 수가 없다. '천형天刑'이라는 말은 오늘의 시인에게도 나에게도 아직은 유효하다. '평생平生'을 아물지 않는 상처에서도 이상한 향내가 나기 때문이다. 그래서 세상은 또한 우리에게 나에게 아직은 유효하다.

*

시는 몸이다. 몸은 가시적인 육신이면서 불가시적인 또 하나의 육신이다. 그것은 그릇이 아니다. 그것 자체이다. 시간 속의 우리 존재와 영원 속의 우리 존재를 함께 지니고 있는 가장 명료한 존재의 공간이 바로 몸이다.

(1991)

시를 위하여 27

—내가 사람으로서

글쎄, 시라는 것이 내 감성과 사실적 체험이 암암리에 예비하고 있다가 나를 꼬드기는 하나의 '언어공작'이고 보면 미리 이런 것을 쓰겠다 저런 것을 쓰겠다 말하는 것은 좀 황당한 일에 속한다 할 것이다. 암암리에 내 안에 예비되고 있는 그걸 한번 감지해보라는 주문이라고 해도 그건 만찬가지다. 그건 아무래도 사실 이전의 세계이다. 그 언어공작의 주체가 바로 나라고 해도 그것을 가능케 하는 저쪽이 더 주체적이라는 것이 나의 체험적 고백이다. 시는 아무리 리얼리즘을 추구한다 해도 로맨티시즘을 동반하는 본질을 지니고 있으며, 순번을 매긴다면 로맨티시즘이 앞자리라는 것이 또한 나의 견해이기도 하다. 언어공작 이전의 저쪽은 로맨티시즘의 세계이니까 말이다.

그러나 한 가지 말할 수 있는 것이 없지는 않다. 내 시의식의 어떤 질質이라는 것이 있다면 그런 것을 고백할 수는 있다. 그것엔 아직 어떤 변화가 오지 않고 있으며 새해에도 그대로 지속될 조짐을 보이고 있다. 김훈은 내 시의식의 질을 다음처럼 정리한 바가 있다. 비교적 정곡을 꿰뚫고 있어 그대로 옮긴다.

> 정진규의 '몸詩' 속에는 젖은 몸을 말리는 육탈肉脫의 길과 마른 몸을 적시는 육화肉化의 길이 포개져 있다. 그 길들의 풍경은 서로 만나기도

하고 갈라서기도 하지만, 마른 몸을 찾아가는 젖은 몸의 길은 질퍽거리는 살의 수렁을 지나야 하고, 젖은 몸을 찾아가는 마른 몸의 길은 말라서 버스럭거리는 뼈를 통과해야 하는데, 젖음과 마름을 서로 스미고 젖게 하는 것은 '몸'이다. 〔…〕 습기는 몸의 한 운명이다. 몸은 질퍽거리는 곳에서 빚어지고 태어나고, 질퍽거림과 더불어 살아간다. —습기를 버려라. 모든 미망迷妄과 무명無明의 근원이로다? — 죽어버린 옛 조사祖師들은 그렇게 말했다. 나는 깨친 자들이 깨치지 못한 자들을 향해 내지르는 이 겁주는 고함소리가 듣기 싫다. 깨치지 못한 정진규가 제 몸의 질퍽거리는 수렁을 들여다보고, 제 몸을 응달에 말리어, 햇살과 몸을 함께 펴게 할 때, 나는 조사祖師의 편이 아니라 정진규의 편이다.

그렇다. 앞으로도 언제까지가 될지 확실하지는 않지만 당분간 나는 그간 내가 제시한 '몸'의 세계 속에서 나의 언어공작을 계속하게 될 것이라는 예감 속에 있다. 아니, 김훈의 말대로 질퍽거리게 될 것이다. 잘하면 응달 속 남아 있는 햇살 두어 가닥쯤 만나 젖은 몸을 겨우겨우 말릴 수 있을지도 모른다. 나는 초월을 지향하지만 세상에 남아 있는 사람이다. '사람'이다. 카프카가 그랬던가. 내 말뚝에 매어 있는 두 개의 사슬 가운데 하나는 적극적으로 천상天上을 지향하지만 또 하나의 사슬은 역시 적극적으로 지상地上을 지향하고 있다. 그것들의 상승과 하강의 궤적을 함께 읽어내는 것이 나의 시이며 나의 '몸'이다. '육탈'과 '육화'를 동시에 꿈꾼다는 것이 얼마나 어리석고 상처 입는 길인지를 모르는 바 아니지만, 그게 사람의 숙명이라는 사실에 나는 그저 철저할 따름이다. 나의 자유는 선택에 있는 것이 아니라 상처 그 자체에 있다. 내게 있어 상처야말로 가장 향기롭고 익숙한 나의 '집'이다. 깨우치지 못한 자여. 세상의 친구여. 시는 내가 사람으로서 가는 길일 따름이다.

(1991)

시를 위하여28

—네 개의 짧은 시론詩論

* 통과의례通過儀禮

나는 요즈음 '통과의례通過儀禮'라는 말을 자주, 그리고 즐겨 쓰고 있다. 이 '자주'와 '즐겨'의 상태는 그냥 유희적인 기분으로라는 뜻으로 받아들여질 수도 있지만 결코 그런 것이 아니다. 그런 만큼 이 말에 대한 나의 감각은 아주 유연한 상태에 있으며, 또 그런 만큼 이 말에 대하여 나는 절대적인 수긍을 보내고 있다는 이야기다.

통과의례通過儀禮(passage rites), 이 말은 원래 인류학의 용어로, 방즈네프(Arnold van Gennep)에 의하면 어떤 개인이 새로운 지위·신분이나 상태를 통과할 때 행해지는 여러 가지 의식儀式이나 의례儀禮, 이를테면 출생, 성인成人, 결혼, 죽음 같은 때의 예식이라는 일상적인 의미를 지니고 있는 것으로 되어 있다. 그러나 이 말은 내게 있어 그 이상의 울림을 던져주고 있으며 그 실제에 있어서도 단순한 예식만을 의미하는 그런 것이 아니다.

이 말은 우리 삶의 모든 과정에 매우 깊게 맞닿아 있다. 공짜란 없다. 치러야 할 것은 치러야 이루고자 하는 바가 허락되는 것이 속일 수 없는 삶의 한 등식等式이며, 이 '치름'은 아픔과 상처, 또는 어둠의 얼굴을 하고 있는 이른바 극복의 대상이란 것은 누구나가 다 알고 있는 사실이다. 통과의례通過儀禮는 바로 이러한 '치름'을 예식화禮式化한 것에 지나지 않는다. 이는 그 민족이나 문화의 차이에 따라 서로 다른 모습을 보여왔지만 그 골격骨格에 있어서는 공통성을 지니고 있다. 아프리카의 '할례'나 우리 무속巫俗의 무병巫病 등에서 볼 수 있는 것처럼 격리, 절식節食, 문신紋身, 죽음에 가까운 극한상황 등의 고통의 과정이 주어지는 상태 속에서 그 통과의례通過儀禮가 이루어지고 있음이 그것이다.

시詩도 마찬가지다.

너무 도덕적道德的이거나 윤리적倫理的인 의식을 지닐 때 그것은 노래보다는 관념에 머물게 된다는 우려도 있을 수 있으나, 이러한 과정을 거쳐 스스로 자유로워질 수 있을 때 노래가 있는 말씀의 집이 비로소 태어날 수 있다고 나는 믿는다.

이러한 '치름'이 없이 태어나는 말들이 혹 있을 수 있다 하더라도 그것은 거짓이다. 형식, 또는 방법에만 매달려 있는 이러한 시들을 볼 때마다 나는 한없는 혐오감을 떨쳐버릴 수가 없다. 어떠한 형태의 것이든 표현의 양식이란 선행되어질 수가 없다. 인식과 표현은 동시적으로 탄생되는 저만의 어떤 무엇이라고 생각한다. 그것이 시詩라고 나는 믿는다.

* 동부의식同符意識

시詩의 행위는 자신만의 어떤 세계로부터 출발되지만 어떤 대상을 지닐 수밖에 없는 숙명을 지니고 있다. 시詩는 어떤 무엇을 만나고자 하는 근원적 충동이 빚어내는 삶의 한 형식인 동시에 이것이 보다 승화된 모습으로 표출된 예술의 한 형식이기 때문이다.

무엇을 만나고자 한다는 것은 결국 무엇을 '꿈꾸기'이다. 꿈꾼다는 것은 무엇인가. 그것은 어디로 '다가가기'이며 그 간절함이다. 이와 같이 나와 다른 어떤 것과의 접합接合, 그리고 혼융渾融, 궁극적으로 하나가 되고자 하는 열망이 시詩라고 할 때, 그것은 또 '사랑'이란 말로 바꾸어 표현될 수가 있다. 사랑의 질質은 바로 그러함과 동궤同軌를 이루고 있기 때문이다. 시詩는 결국 사랑의 행위이며 그 자체이다.

우리 고려가요高麗歌謠에 다음과 같은 기막힌 표현이 있다.

南山애 자리보아
玉山을 벼어누여
錦繡山 니블안해
麝香각시를 안나누어
藥든 가슴을 맞초읍사이다

〈만전춘滿殿春〉의 한 부분이다. 조선조의 지체 높으신 선비님네들로부터는 상스러운 남녀상열지사男女相悅之詞로 외면되었던 것이지만 문학적 향기가 드높은 노래다. 특히 "藥든 가슴"이란 표현이 우리의 눈길을 끈다. 흔히 국어학자들에 의해서는 '향香주머니를 찬 가슴'으로 통역通譯되고 있으나 이 말은 그 이상의 아주 상징적인 표현의 것이다. 사랑의 절정, 또는 그 충만의 상태를 그대로 집약해 보이고 있다. 그런 가슴을 그대로 맞추고자 간절하게 청유형으로 노래하고 있는 데에 이르러서는 그야말로 신품神品의 경지를 만나게 된다.

바로 이것이다. 이 노래에 나타난 사랑의 행위처럼 시詩는 서로 다른 이질異質의 세계를 이렇게 충만 속에서 하나로 다져가는 일종의 '동부同符' 현상이다. 더욱 놀라운 것은 이 '동부同符'의 현상 속에, 다시 말해서 사랑의 행위 속에 오늘의 현대시가 지니는 가장 본질적인 요인이 함께 자리하고 있는 점이다.

'동부同符'한 원래 부절符節이 빈 틈이 없이 딱 맞아떨어진다는 뜻으로 여기서는 부절符節이란 일종의 신표信標다. 믿음을 나타내는 물건이다. 대나무에 글씨를 써서 이것을 똑같이 두 개로 쪼갠 다음 하나씩 나누어 가지는, 그리하여 훗날에 그 자손들이 이것을 서로 맞추어 같은 혈연임을 확인케 했다는 그런 물건이다. 꼭이 대나무만을 사용했던 것은 아니고 동명왕東明王과 유리왕의 경우에서 볼 수 있는 것처럼 부러뜨린 칼 같은 것도 그렇게 사용했던 모양이다. 아무튼 이는 상징의 실물이다. 이러한 실물이 서양에도 있었던 모양이다. '숨발론Sumbalon'이란 것이 그것이다. 여기에서 바로 현대시의 본질과 일치되는 구체적인 요인을 우리는 만나게 된다. 이 인지認知의 표적을 서양에서는 바로 상징Symbol의 어원으로 삼고 있음이 그것이다. 상징은 분명히 하나의 연결 요소의 것이다. 동부同符의 현상이다. 중재와 유추에 의해 모순적인 것들을 결합시키고 대립의 현상을 없애주는 것이라고 볼 때, 이 같은 어원語源의 형성은 너무나도 당연한 것이 아닐 수 없다. 그리고 이같은 상징체계는 현대시의 가장 기초적인 문법이란 사실을 우리는 익히 알고 있다.

나의 시詩는 오랫동안 이 동부同符를 위한 싸움 속에 있어왔고 그러한 병을 앓아왔다. 이를테면 내 스스로 이름붙인 시성詩性과 산문성散文性의 싸움이 그것이며, 일반적으로는 사물과 나, 나와 사물과의 만남을 위한 고뇌들이 그것이었다고 할 수가 있다.

*굿판 다섯 대목

모든 굿들은 그것이 어떤 종류의 것이든 공통된 구조를 지니고 있다.

① 굿을 행할 장소를 깨끗이 정화하는 부분
② 영매자靈媒者가 신神을 부르는 부분
③ 신神에게 인간의 소원을 말하고 영매자靈媒者를 통하여 신神의 대답

을 듣는 부분

④ 신神과 인간人間이 함께 즐기는 부분

⑤ 신神을 돌려보내는 부분

등의 다섯 대목으로 되어 있음이 그것이다. 굿을 보러 다니면서 이 같은 동일 구조를 스스로 발견하고 그 완벽한 질서에 나는 놀라곤 하였다.

절대자인 신神에 접근해가는, 그리하여 절정에 이르는 만남의 양식樣式이 거기에 걸맞게 비인 틈이 없이 짜여져 있는 그 구조도 구조이지만, 시의식詩意識의 전개 과정도 이러한 다섯 대목을 그대로 적용할 때 보다 긴장감이 있는 맛과 시적 설득력을 지닐 수 있으리란 생각에서였다.

반드시 굿판에서처럼 어떤 절대선의 세계만을 추구하는 것은 아니지만 시詩가 궁극적으로 당도하고자 하는 세계, 그 '만남'의 형태도 사실은 이와 다를 바가 없다. 시신詩神이란 말도 있지 않은가. 현대시는 꼭 영감靈感에만 의존하는 뮤즈의 산물이랄 수는 없으나 설명이 아닌 '발견發見'의 그것도 실은 오월적인 감성感性의 형태가 동반되는 가운데서 획득되어지는 것임을 부인할 길은 없다.

우선 첫대목을 보자. 꼭이 굿판에서처럼 무슨 형식적인 절차를 갖추어야 하는 것은 아닐지라도, 시詩도 정갈한 마음가짐을 지녀야만 무엇인가를 보아낼 수 있지 않겠는가. '사무사思無邪'라는 말이 시사하는 바가 바로 여기에 있는 것이 아니겠는가. 가시可視만이 아닌 불가시不可視의 세계에 이르기 위해서는 눈앞의 안개를, 또는 마음의 때를 거두어내야만 할 것이다.

'비워내기'가 바로 이것이란 생각이다.

두 번째, 세 번째 대목도 시詩와 무관하지 않다. 시詩는 종교의 구도적求道的인 경지와 다르기는 하지만 언제나 자유로운 신의 얼굴을 찾고 있음이 이와 일치점을 지니기 때문이다.

네 번째 대목과 다섯 번째 대목이 시의 입장에서는 좀 색다른 대목이다. 특히 네 번째 대목의 신神과 인간이 함께 즐기는 초월적인 경지, 그 신화적인 대목은 우리에게 한없는 자유를 허락해주며, 어떤 비상飛翔의 순간에 동참하는 기쁨을 가져다주는데 이것을 시詩에 어떻게 구조적으로 살릴 것인가 하는 것이 나의 숙제다. 다섯 번째 대목의 신神을 돌려보내는 의식儀式도 재미있는 것이다. 스스로 꿈의 허구虛構로부터 돌아와 현실 속의 나를 찾게 하는 이 대목은 그 분리分離의 양상이 시詩와는 크게 다른 것이기야 하지만 상승上昇과 하강下降의 맛을 명료하게 해주는 그런 독특함을 지니고 있다.

아무튼 시의식詩意識의 전개 과정도 크게 보면 굿판의 그것과 다를 것이 없다는 생각이다.

*말과 사물事物

미셸 푸코Michel Foucault의 책을 읽다가 놀라운 대목을 발견했다. 새로운 깨달음을 주는 어떤 계기, 사람, 사물, 공기, 말, 그것이 무엇이든간에 그것보다 더 나를 흥분케 하고 전율케 하며 몰입케 하는 것이란 없다.

이 대목들은 아주 상식적인 것이면서도 말과 사물事物에 관한 어떤 규명을 위하여 오래도록 방황해온 나에게 더없이 쾌적한 해방과 자유의 순간을 허락해주었다.

> 하나님은 어떤 사물들을 숨겨 놓았으면서도 특별한 형식의 외적外的이며 가시적可視的인 기호記號들 없이는 아무것도 존재할 수 없게 하셨다. 마치 보물 단지를 묻어놓은 사람이 그것을 다시 찾을 수 있도록 매립 장소에 표시를 해놓는 것처럼
> —파라셀수스의 〈물성론物性論〉 인용

우리 인간은 산 속에 감추어진 모든 것을 기호들과 표출된 상응물에 의해 발견해야 한다. 바로 그렇게 함으로써만이 우리는 모든 것들의 속성과 내부에 있는 또 다른 모든 것들을 찾아낼 수 있다. 인간이 결코 발견할 수 없는 바다의 깊은 곳에나 하늘의 꼭대기에는 아무것도 없다. 너무 광활하기 때문에 인간의 시선으로부터 내부에 숨어있는 것을 감출 수 있는 신은 있을 수 없다. 산이란 상응하는 기호들에 의해 인간에게 드러나기 때문이다

결국 '말'과 '사물事物'은 같은 것, 동시적同時的으로 태어나는 것, 새롭게 태어나야 할 말을 위하여 그러한 말을 찾아서 떠도는 말의 시녀侍女, 나는 너무 허황되었다. 추상의 세계를 부인하는 것은 아니지만 사실적인 것과의 연계성을 상실하고 있을 때, 그것이 아무리 놀라운 에스프리라고 할지라도 그것은 영원한 생명력生命力을 지니지 못한다.

(1987)

시를
위하여29

비워내기

'비워내기'의 '—내기'는 '비우다'라는 동사의 활용어미 '어' 밑에 쓰이어 그 동작을 제 힘으로 능히 끝냄을 나타내는 조동사 '내다'의 어간 '내'에 다시 명사형 어미 '—기'가 붙어 하나의 명사가 된 말이다.

어쨌거나 여기서 중요한 것은 '그 동작을 제 힘으로 능히 끝냄'이다.

비우는 일은 누가 도와주지 않는다. 제 힘으로 해야 한다. 때로는 지식마저 힘이 되지 않는다. 그것도 비워버려야 한다. 그래서 '마음공부'라는 말이 있고 '불립문자不立文字'라는 말도 있는 모양이다.

나는 무엇 때문에 이 짓거리를 하고 있는가. 시詩와 함께 한참 걸어오다보니 내가 이 짓거리를 하고 있음을 발견했다. 그렇다, 죄는 시詩에게 있다. 시詩, 시詩에게 있다.

곧 때가 묻고 금이 가고 깨어져 개천 바닥의 사금파리로 뒹굴기가 일쑤이지만 어렵게 비워낸 한 그릇 맑은 사발에 와서 고이는 한 줄기 향기와 같은 것, 새롭게 담기는 이 발견發見의 전율. 울림이여, 떨림이여, 이것이 내가 짓는 밥이다. 내가 먹는 밥이다.

할 수만 있다면 그대들에게도 고봉으로 한 상 잘 차려 내고 싶다.

그대들의 밥이 되고 싶다.

발견發見

'너는 아무 말도 하지 않지만 나는 네 말을 다 듣는다. 너는 이렇게 내게 말한다. 나는 저 꽃이에요. 저 하늘이에요. 또 저 의자예요. 나는 그 폐허였고, 그 바람, 그 열기였어요. 그러한 나의 모습을 알아보지 못하시나요? 당신은 자기가 인간이라고 생각하기 때문에 나를 고양이라고 여기는 거예요. —고개를 돌리는 순간은 지워 버리세요. 생각의 대상을 갖지 말고 생각해 보세요. 제 어미가 입으로 물어다가 아무도 찾아낼 수 없는 곳으로 데려가도록 어린 고양이가 제 몸을 맡기듯 당신을 가만히 맡겨 보세요.'

〈섬〉이라고 하는 매우 탁월한 에세이를 쓰고 있는 프랑스 사람, 장 그르니에가 그가 사랑하는 그의 고양이 '물루'를 화자話者로 하여 우리에게 보인 한 대목이다.

'당신은 자기가 인간이라고 생각하기 때문에 나를 고양이라고 여기는 거예요'라는 말과 '생각의 대상을 갖지 말고 생각해 보세요'라는 말이 큰 울림을 준다.

이는 무슨 뜻인가.

기존의 관념과 집착을 버려야 실체實體가 보인다는 뜻일 터이다.

관념과 집착 버리기, 그렇다. '비워내기'는 바로 '발견發見'이다.

사랑 1

이제 또다시 가을, 그리고 시월. 흐르는 물소리가 문득 맑아지고 알싸한 슬픔의 냄새 같은 것이 맡아진다. 오랜 방황으로부터 돌아와 담배를 피워 물고 서 있는 중년 사내의 수척한 뒷모습 같은 것도 우리는 이 가을에 만날 수가 있다. 혹은 오늘 아침 식탁에 놓여져 있던 다섯 벌의 은수저, 그것이 새삼 말해주던 웬지 눈물겨운 '가족'이란 말의 의미가 그렇게 소중스러울 수가 없다.

이러한 가을날 아침에 ‘깨어남’과 ‘젖어 있음’, 그것이 시를 있게 한다.

또한 이러할 때 우리는 대개 사랑을 동반한다. 시가 오는 순간과 사랑이 오는 순간에 가슴에 이는 물살 같은 것, 그것의 질감은 아주 같은 모습의 것이다. 더군다나 우리는 시를 생각할 때나 사랑을 할 때나 똑같이 보이지 않던 것들에 눈뜨게 되고 예감의 귀가 밝게 열림을 안다.

외로움의 기쁨

이번의 세 편의 시들엔 생각의 같음, 색깔의 같음과 같은 것들이 있음을 다 써놓고서야 발견할 수가 있었다. 이들 시 가운데서 실제 “외롭게 남아 있는 외로움의 기쁨”이란 말을 쓰기도 했지만 그것이 필시 어거지이거나 무슨 오만 같은 것 가운데 하나일 터인데 이렇게 ‘나’를 고집하는 대목이 전에 없이 완강히 비치고 있는 점이 그것이다. 외로움을 ‘기쁨’까지 가지고 갈 정도라면 그건 도통한 경지다. 그러나 정말의 나를 고백한다면 그건 어떤 것일까. 나는 아직도 엄살이 많고 눈물 질금거리는 쪽에 더 친화력을 보이는 그런 사람이다. 그렇다면 어떻게 이런 말을 쓰고 있는 것일까. 무책임일까. 아니면 말씀의 장난일까. 그런 건 아니라고 이내 도리질을 하는 나의 저항은 또 무엇을 뜻하는 것일까. 하긴 요즘에 들어서 혼자 있을 때가 더 편하고 깨끗해지는 느낌이 들 때가 없지는 않다. 그러나 그런 일상성의 것만은 아니란 생각을 가져본다. 이를테면 ‘원형의 무너짐’, 그런 것에 대한 보이지 않는 내 내면의 개탄과 윤리의식 같은 것이 그런 버팀으로 혹은 주장으로 나타난 것인지도 모를 일이다. 아무래도 대책이 서지 않는 것은 이번의 경우, 내 깐에는 화법이나 흐름 같은 것은 꽤 유연해졌다고 여겨지기는 하면서도 이같은 생각의 촌스러움 바로 그것이다.

—시 〈千里萬里〉 〈十里쯤〉 〈黑白〉의 작품노트

순수純粹

닦아낼 생각, 벗겨낼 생각 그것은 진정한 정갈함이 아니라 도망가기이다. 그 '때의 더께'를 사랑하기, 그 상처를 내 것으로 속속들이 같이 입기 그것이 옳다.

사랑 2

사랑은 마지막 선택이며 몰입이라는 것을 비로소 안 셈이다. 현실적 파탄을 두려워하고서는 언제나 문전만을 서성대일 따름이라는 것을 알았다.

자유自由

나의 시들은 거의 어김없이 뭉개진 마지막 모습을 하고 있거나 손 닿을 데 없이 가득히 비어 있다. 이게 내 모습이다. 그러나 거기서 황홀을 느끼기도 하고 충만을 만나기도 한다. 이를테면 '가득히 비어 있는 충만'을— 이는 자신의 모습을 감추지 않고, 피해 가지 않고 그대로 내보일 수 있는 자의 가슴에 고이는 평화다. 그게 삶과 꿈의 어두움 사이를 겨우 촛불 하나 켜들고 통과케 하는 가장 정갈한 힘이 되어진다. 자유가 되어진다.

뼈에 이르기

결국 뼈는 사랑하기, 가득히 비어 있는 충만이다. 본질이다. 자유다. 나는 여기에 이르고자 오랫동안 비워내기 작업을 해왔다. 처음엔 그 비워냄의 의미를 모든 것을 떠나 마침내 홀로 있음의 자리에 떠오르는 하나의 별빛 그 자체로 해석했으나, 진정한 비워냄이란 현실과 함께 있는 몰입沒入임을 터득하고 있다. 그래야만 진정한 뼈에 이를 수가 있다. 기피가 아닌 만남과 극복, 그것은 단순한 변증법으로는 어렵다. 논리를 뛰어넘는 오랜 체험과 상처 뒤에 스스로 나타나는 얼굴이다.

산문체散文體

시의 형태는 산문체를 그대로 계속하고 있다. 좀 변모할 때가 되지 않았느냐고 하지만 아직은 그게 자연스럽고 편하다. 나름대로는 전보다 훨씬 자유로운 호흡률을 여기서 만나고 있고, 생각과 느낌도 거기 함께 얹혀 동시적으로 오고 있다. 이미지 혹은 환상의 영역이라는 것도 의도적인 만들기로 되어져 있을 때보다는 체험적인 인식으로 도출되었을 때 더 시적 설득력을 갖는다는 것을 알고 있다. 하기에 그런 사실적 연계성이 있는 우의적寓意的인 형태를 나로 하여금 취하게 하고 있는 또 하나의 이유가 거기에 있다. 이 같은 산문체로도 시의 음악성과 상징성에 다같이 불편을 느끼지 않음이다. 오히려 새로움을 맛보고 있음이다.

반편과 반편들의 만남

우리 모두가 온전치 못한 '반편'들이다. 나는 반편이 아니라고 우기는 사람들이 없지야 않지만 그런 사람들이야말로 반편들이다. 더욱 반편이다. 허락된 반편마저 포기한 사람들이다.

아무튼 비어 있는 우리들의 반편을 채워줄 수 있는 용서와 사랑이란 것이 이 세상에 있다는 것은 정말 고맙고 고마운 일이다.

나의 반편을 그대에게 드리고자 함. 그대의 반편을 나에게 바치고자 함. 이 만남은 얼마나 아름다운가. 얼마나 그윽한 향기의 것인가.

본시 반편이어서 쓰잘 데가 없겠지만, 서로에겐 아무런 도움도 되지 못하는 또 하나의 안스러운 병신춤이나 보게 되겠지만 그 비워냄은 또한 얼마나 눈물겨운다.

—시 〈연필로 쓰기〉 작품노트

따뜻한 상징

아직도 '겨레'라든가 '백성', 또는 '쌀'이라는 말이 그 끈끈함을 잃지 않고 살아 있음을 만날 때 나는 눈물겨워진다.

그들은 대체로 '흰빛'의 감각을 온몸으로 던져주고 있는데 그 '흰빛'과의 만남이 그렇게 소중스럽고 감격스러울 수가 없다. 무슨 구닥다리 소리냐고 하겠지만 이럴 때면 사람들이 밉다가도 가슴 다 열어 보이고 나의 모두를 허락하고 싶어진다. 그걸 나는 '흰빛의 힘'이라고 믿는다. '따뜻한 상징'이라고 믿는다.

—시 〈따뜻한 상징〉 작품노트

아름다운 구속拘束

구체적이고 사실적인 하나의 사물事物이 이처럼 나의 의식意識을 사로잡은 것은 실로 오랜만의 일이다. 표제도 그 식물의 이름 그대로 '러브체인'이라고 했다. 이런 식의 표제는 50년대 후반의 설익은 모더니즘의 시들이 하던 짓이어서 머뭇거렸지만 그대로 두는 것이 더 많은 함축성을 우리에게 줄 것 같아서였다.

아내의 제자가 우리들의 방에 놓아두고 간 하나의 풀잎, 하트형의 이파리들이 넌출을 따라 끊임없이 피어나는 그 모습은 내게 '아름다운 생성生成의 의지意志' 그것으로 비쳐왔다. 또는 그 이름 그대로 '아름다운 구속拘束'이라는 이미지를 얻을 수도 있었다. 그리고 근간의 나의 작업들이 그러했던 것처럼 예외없이 여기서도 새로운 하나의 우화寓話를 수확할 수가 있었다. 요즈음 내가 산문시散文詩를 즐겨 쓰는 까닭이 바로 여기에 있다. 새로운 우화寓話, 생활 속의 우화寓話, 그것은 분명히 색다른 시詩의 또 하나의 공간空間일 수가 있으며 '긴장'일 수가 있다. 새삼스런 이야기는 아니지만 산문시散文詩는 알레고리의 맛을 한껏 맛보게 할 수 있는 가장 적절한 형태이다.

—시 〈러브체인〉 작품노트

(1986)

향깃한 차가움

가을이 깊다. 짙은 갈색의 옷들이 아주 잘 어울린다. 오후에 혼자 마시는 커피의 향내가 그 어느 때보다도 온몸을 따뜻하게 감싼다.

김현승金顯承은 "별은/이순耳順하고,//이삭들/바람에 익는다.// 아침 저녁/살갗에 묻는//요즈막의 향깃한 차거움……"이라고 쓰고 있다.

이처럼 가을이 주는 감각을, 딱 맞아떨어지게 잡아낸 시를 읽은 적이 없는 것 같다. 그 가운데서도 "별은 이순耳順하고"라는 말이 그렇게 좋다. '이순耳順'이란 본래 《논어論語》의 "육십이이순六十而耳順"에서 나온 말. 생각하는 것이 원만하여 어떤 무엇을 만나도 곧 조화롭게 어우러진다는 뜻으로 나이 예순 살을 가리키는 말이지만, '하다'라는 말을 거기 붙여 가을의 별을 형용하는 말로 쓰고 있음이 썩 잘 어울린다.

별만이 그렇게 보이는 것이 아니다. 가을은 우리를 그렇게 깨어나게 하는 맑은 물소리를 지니고 있다. 보이지 않던 것들이 보이고 들리지 않던 소리들이 들린다. 들린다가 '보인다'까지 가는 '관음觀音'의 옷자락마저 얼핏 스친다. 세상과 내가, 온갖 물상物象들과 물상物象들이 가깝게 다가서고 가장 정확한 언어들로 서로의 가슴을 건너다닌다.

"살갗에 묻는 요즈막의 향깃한 차거움"이다. 몸과 마음을 가볍게 비워내는 그런 삽상颯爽한 기운을 가을은 지니고 있다. 네 계절 가운데 우리의 몸과 마음이 가장 자유로워지는 때는 바로 가을이다.

이러한 가을의 명징함으로 한밤에 홀로 등불을 밝히면 그간의 일상적인 경험들이 무화되는, 그런 초월의 순간이 감지된다. 최초의 사물 앞에 최초로 서 있는 스스로를 발견한다. 슬픔마저 따뜻한 융단으로 깔리는 그런 방房에 당신은 군불을 환하게 지피고 있다.

그러나 이 가을에 가을일 수 없는 사람들의 모습도 보인다. 언젠가 나는 가을을 다음처럼 만난 적이 있다. "깊은 밤/고향 문전門前을 비인 손 낡은 입성 하나로 서성대이나이다/어디선가/돌아갈 곳 없는 자者의/슬픈 눈물방울 하나가/백근百斤 무게로 손들 위에 떨어지고 있나이다"(〈곳곳에 가을이 당도하였으매〉).

삶을 어떤 소유와 승리의 형태로 인식하는 데서 온 그 반대쪽의 무너짐을 너무 짙게 수용한 시이기는 하지만 그런 비극성 또한 명징하게 보여주는 것이 가을이다. '아직도 영혼이란 말을 쓰고 있는 시인들의 시도 읽는다'라고 요즈음 젊은 시인들은 영혼이라는 말을 아주 생소한 무슨 폐기물처럼 여기는 눈치지만, 절망과 맞바꿀 수 있는 '고향 아궁이의 환한 불빛'이 지금도 분명 우리 내면에 존재하고 있다는 것은 하나의 은총이다. 영혼의 세계에 대한 확인, 현실의 정황에 대한 확인을 아울러 가져오는 것이 바로 가을이다.

'백근百斤 무게로 손등 위에 떨어지고 있는 눈물방울' 하나, 그 눈물방울 속에 나도 들어가 '지금 가을일 수 없는 사람들'과 함께하고 싶다. 그렇게 살아가는 삶, 그러한 우리, 그러한 따뜻함의 세계. 그것이 한없이 그립다. 지난 여름 그 무서웠던 비바람 속에서 영혼마저 노박이로 젖고 있던 사람들, 그들의 비어 있는 들판이 크게 확대되어 달려온다. 그들을 깊게 껴안고 싶다. 믿는 결핍의 미학이 이 땅의 시들 속에 밤낮으로 질척거리고 있지만, '고향 아궁이의 환한 불빛'으로 다가서는 저녁 무렵의 한 사람을 아무도 등 돌릴 수는 없다.

가을은 엄정하다. 살찐 거짓말보다 카랑카랑한 몸매의 진실로, 차가운 향기로 우리를 채운다.

가을 넥타이*

김현승

별은
이순耳順하고,

이삭들
바람이 익는다.

아침 저녁
살갗에 묻는

요즈막의 향깃한 차거움……
사십四十은 아직도 온혈동물溫血動物인데,

오늘은
먼 하늘 빛
넥타이 매어 볼까

(1992)

* 《김현승시전집》, 민음사, 2005.

자단목紫檀木 이야기

—시詩와 연기緣起체험

우선 최근의 소산 한 편을 소개하자. 이 글의 표제 〈자단목紫檀木 이야기〉와 실제 인연으로 태어난 시이다. 생연生緣이다. 핏줄이다.

> 이번 가을은 목포 다녀온 일이 전부全部다 나로서는 원체 큰 거사擧事여서 다른 곳 눈 돌릴 겨를 없었다 자단목紫檀木 칠백 년 훔치러 목포로 숨어들었다 사흘 밤 사흘 낮 곡기 끊고 노렸다 향기로 다져진 살, 아주 단단했다 모든 향기 있는 것들은 단단하다 진짜 여자는, 가장 향기 있는 여자는 단단하게 속 찬 여자가 아니던가 1017본本, 그 가운데 단 1본本도 훔치지는 못했으나 그걸 핥은 내 눈과 코와 귀와 눈치 챌새라 얼른 대어본 손, 그것만으로도 침향沈香의 화류장樺榴欌 한 채 짜지었다 원체 단단하고 향 깊어 그것만으로도 되었다 쇠못 쓰지 않고 공들여 짰다 켜켜이 날 개켜 넣었다
>
> —〈紫檀木*〉 전문

* 신안선 유물. 700년간 해저에 잠겨 있었던 침향목(沈香木). 목포국립해양유물전시관 전시 중.

처음 '자단목紫檀木'이란 말을 접한 것은 한 신문의 칼럼에서였다. 솔직한 이야기가 그때까지는 자단목紫檀木을 모르고 있었다. 칼럼의 내용인즉 이러했다. 자단목紫檀木은 활엽 교목으로 인도, 필리핀이 원산. 10m. 꽃은 황색. 재목은 암적색으로 질이 단단하여 가구 또는 도구들의 재료로 쓰이며, 잘게 잘라서 불피우는 자단향紫檀香의 원목으로 그 칼럼은 풀이하고 있었다. 그러나 이 칼럼이 밝히고 있는 보다 중요한 내용은 이 자단목紫檀木이 신안선 유물로 도자기 등과 함께 700년 간이나 해저에 잠겨 있던 것을 인양해 올린 것이라는 사실이었다. 그럼에도 불구하고 도자기 등에 가려서 그간 방치되다시피 했다는 것이다. 8톤 무게의 1017본本이나 되는 이 귀물들이 말이다. 더군다나 700년이나 해저에 잠겨 있었으니 생나무로도 저러한 것인데 가장 오래 묵은 침향목沈香木이 저절로 되어 있었던 거였다. 직접 보지도 못한 상태에서 씌어진 위의 〈자단목紫檀木〉이란 시는 그 칼럼의 내용만으로도 내 상상력을 자극하고도 남은 하나의 소산이었다.

그러나 그렇게 한 편의 시를 완성해놓고서도 어쩐지 찜찜하다 할까, 평소 일상적인 체험을 근거로 하지 않은 상상력의 결과물에 대해서는 별로 신뢰를 보내지 않고 있었던 나는 그렇게 빚진 기분으로 몇 날을 보내고 있었다. 그러던 차에 목포木浦에서 허만하許炯萬 시인으로부터 강연의뢰가 왔다. 옳다구나! 나는 두말없이 수락했다. 내심은 강연보다 바로 그 자단목紫檀木과의 직접 상면에 있었다. 기대에 큰 몸을 떨기마저 하고 있었다. 강연 후 물론 나는 해양유물전시관으로 달려갔다. 흔히 항구에 수입 원목原木들이 산더미처럼 쌓여 있는 것을 보아왔던 나는 그렇게는 아니더라도 10미터까지 자란다니 한아름 굵기의 그런 자단목들이 길게 높게 쌓여 있으리라 상상했는데 그게 아니었다. 장정들의 팔뚝 굵기로 다듬어진 어린아이 키만 한 것들이 한 켠에 전시되어 있었다. 많은 양들은 달리 창고에 보관되어 있다는 설명이었다. 그런데 재미있었던 것은 나무마다 새겨져 있는 무슨 문자나 문양들이었다. 겹친 네모나 세모, 또는 동그라미들은 무엇을 암시하는 기호가 분명해 보였는데 전시 해설문을 펼쳐 보아도 그 뜻이 밝혀져 있지 않았다. 그냥 해독되지도 않았다. 어쨌건 700년 전의 문자요, 문양이라는 것이 심상치 않았다.

여기서 내 자단목紫檀木 배알은 끝났지만, 이후 내 안에 드리워진 의식의 그림자를 나는 그대로 지나칠 수가 없었다. 나의 투사投射가 이렇게 직방直方으로 살아서 응답應答해오다니! 실로 심상치 않았다. 나를 실물實物로 끌어당기다니! 불원간 한번 내려가 보아야 하겠다고 내심 숙제로 삼아놓고는 있었지만 이런 식으로 바로 기회가 주어진 것이 아무래도 우연이라고만은 할 수 없는 필연의 어떤 운명적인 생연生緣으로 다가왔다. 피붙이의 그것과 같았다. 불설佛說의 연기론緣起論으로 짚어질 수도 있겠고, 여러 번 인용한 바가 있지만 프랑시스 퐁주(1899~1988)의 대상론, "우리의 영혼은 타동사적이다. 영혼에는 직접 보어처럼 영혼을 즉각 감동시키는 대상이 필요하다./그것은 가장 심각한 관계의 문제이다(소유의 관계가 아니라 존재의 관계이다)"에 또 한 번 밀착된 나의 실물체험實物體驗이었다. 이제까지의 체험으로 추론하건대 어떠한 경우의 것이라 할지라도 시라는 이름으로 만나지는 대상은 생물生物이다! 그걸 교감하지 못하고 있는 시는 화자의 설명문에 지나지 않는다. 어쨌건 자단목紫檀木은 생물生物이었다. 그렇게 나를 이끌어서 내게 자유를 허락하였다. 살아 있는 존재存在의 실상實相을 보여주었다.

이번에 또 하나 새롭게 발견할 수 있었던 것이 있다. 이러한 대상의 운명적인 연기緣起는 또 다른 연기緣起를 불러 그것을 생물로 빚는다는 사실이다. 목포의 자단목紫檀木은 그곳까지 달려온 내게 무슨 보상이라도 하려는 듯 실물 하나를 던져주었다. 옛다! 인심을 썼다. 함께 건져 올려진 어린아이 손바닥만 한 목패木牌들이 전시되어 있었는데, 그건 다름 아닌 선적된 물건들에 매달려 있던 물표들이었다. 도착지의 물주들, 행선지가 적힌 먹으로 쓴 글씨들이 생생하게 그대로 살아 있었다. "동복사행東福寺行", "조적암행釣寂庵行" 이런 식으로. '뻘' 속에 묻혀 있었기 때문에 썩지도 지워지지도 않았다니. 뻘의 생명력에 감탄하지 않을 수가 없었다. 환경운동가들의 뻘 수호에 박수를 보냈다. 이렇게 해서 연기緣起된 또 하나의 시편이 나의 〈뻘〉이라는 시다. 이처럼 작품은 쉴 새 없이 작품을 부른다. 다만 우리가 그대로 지나치고 있을 뿐이거나 한 편의 성취에 취해서 듣지도 보지도 못하는 우를 늘 범할 따름이다. 대상의 존재성은 쉴 새 없는 접속의 상태로 흐름 위에 무늬를 짓고 있다. 그걸 보고 듣고 채취하는 즐거운 노동이 바로 시가 아니겠는가.

시의 연기緣起는 또 다음과 같은 상태로도 온다. 자단목紫檀木의 목포행木浦行에 이어 며칠 상관으로 나의 광주행光州行이 또 이루어졌다. 역시 시 전문지 《시와사람》의 강연 초대였다. 이 또한 이것만으로도 인접 지역이니 연기緣起가 연기緣起를 불렀다 할 만했다. 그러나 그것만이 아니었다. 일은 이튿날 어디 한 곳 바람이라도 쐬어보자고 나섰던 나들이 길에서 벌어지고 말았다. 우리가 들른 곳은 보성 초입 대원사大原寺. 그 앞에서 내 내면이 그렇게 통째로 들통나고 마는 경우를 일찍이 나는 경험한 바가 없었다. 일부러 찾아온 것도 아니요, 또한 동행이 미리 나의 내면을 눈치채고 그리로 안내한 것도 아니었다. 그 절에 관한 어떤 사전 정보도 전혀 없었다. 연기緣起의 생리生理는 연기緣起 그 자체일 뿐이다. 그런 절대 순수로 대원사大原寺는 거기 나와의 상면을 기다리고 있었다. 그대로 맞아떨어진다는 말이 있지만 어떻게 그럴 수가 있었을까. 누구의 시귀였던가. 부처님은 말이 없이 웃으시는데 노을이 지는 서역 만리길 아득히 찾아든 그런 순간이었다.

사연인즉 이랬다. 무슨 연고였을까. 지난 해 11월부터 겨우내 나는 한 내면의 상황에 짙게 시달리고 있던 차였다. 그게 무엇이었는가. 자꾸 에돌고 있는 느낌이지만 그대로 고백하자. 6·25 동란을 전후해서 어렵게 살아온 내 나이 사람들은 네남없이 같은 경험을 아프게 또는 부끄럽게 지니고 있는데, 그게 바로 임신 중절이라는 것이다. 그때는 그걸 속칭 '긁어낸다'고 했다. 그 자신의 생리에 전혀 관계없이 태어나지 못하고 억지로 죽은 태아들이 구천을 맴돌고 있는 생각이 문득문득 떠오르면 그 죄책감에 가위눌리곤 했는데 이번 겨울엔 그게 유달리 심했다. 내 나이 종심지년從心之年이 되어가는 데서 오는 생명에 대한 경외에서였을까. 그런데 이게 웬일인가. 절 초입부터가 심상치가 않았다. 숲속 벚나무 꽃길이 십 리가 넘게 계속 이어졌고 절 일주문을 들어서자 작지만 매우 아담하고 견고해 보이는 돌다리가 하나 놓여 있었는데 이끼가 어린 채 마모되어 있는 모습이 세월을 느끼게 하는 그런 것이었다. 그간 보수를 하였는지 그 곁에 자그마하게 서 있는 공덕비가 나의 눈길을 끌었다. 시주자의 성명과 자손들의 이름이 그 아래 주욱 나열되어 있었는데, 놀랍게도 그 맨 끝에 "망태아령亡胎兒靈"이라 새겨져 있지 않은가. 나는 그만 충격을 받았다. 죽은 태아까지도 자식이라 생각한다는 것이렸다! 그때까지도 이 절이 그런 태아들의 천도제를 지내는 절이라는 것을 모르고 있었기에 충격은 더욱 크지 않을 수 없었다. 나의 내면의 문제에 직접 와 닿기도 하고. 어쨌건 극락교라 이름하는 그 다리를 건너 새롭게 조성한 연꽃밭 한가운데로 난 길을 지나 또 하나의 극락교를 건너자 극락전에 이를 수가 있었으며, 나는 나름대로 나의 '망태아亡胎兒'들을 위한 천도제를 조용히, 아주 자연스럽게, 그리고 경건하게 치를 수가 있었다. 이 무슨 연고란 말인가. 간절함은 간절함을 부른다. 그게 연기緣起의 본질적인 내성內性이다. 그게 또한 시의 또 다른 내성內性이다. 이로 하여 또 한 편의 시가 태어났음은 물론이다. 여기서는 이미 그 내용이 앞의 이야기들에 모두 들어 있으니 그 인용을 생략하거니와 이 같은 저승 드나들기가 앞의 〈자단목紫檀木〉이 〈뻘〉이라는 또 하나의 연기緣起, 그 소산을 가져왔던 것처럼 역시 그냥 지나가지는 않았다. 다음 작품이 그것이다.

왜 네게선 그런 냄새가 나느냐 비 맞고 저승길 다녀온 새들의 젖은 살내다 떼로 밀린다 진동한다 비린내라면 비린내요 저승내라면 저승

내다 나 살아 거기 드나들 수 있으니 경계가 없다 좋다! 이 또한 福이
지 않느냐 往生이다! 죽어 이승내도 맡을 수 있겠느냐 너에게 묻는다
—〈어성초*에게〉 전문

* 어성초(魚腥草). 잎에서 비린내가 나는 해독 살균작용의 무공해 약초. 벌레가 접근을 못한다.

포항의 한 식물원에서 '어성초'를 직접 꺾어 코에 대본적이 있다. 다른 이들은 물고기 비린내라고 했지만 그때 나는 그 비린내에서 왜인지 '저승내'를 맡았다. 그 무렵 나는 '조장鳥葬'에 대해 생각하고 있었는데, 저승과 이승을 왕래하는 새들의 냄새가 바로 그 '비린내'라고 떠올렸던 기억을 지니고 있다. 그 이미지가 이번 대원사大原寺의 천도 이미지와 접속되면서 자연스럽게 '저승내'의 이미지를 경계 초월의 그것으로 도출해내었던 셈이다. 연기緣起는 연기緣起를 부른다. 이미지는 오래 잠재되어 있다가도 그와 혈연을 이루는 또 하나의 이미지를 부른다.

내 시詩 속의 몇 가지 내 연기緣起체험을 떠올려보았다. 다시 말하지만 그것들은 거의 운명적으로 접속이 되어 있다. 어제의 연기緣起는 오늘의 연기緣起요 오늘의 연기緣起는 내일의 연기緣起로 접속 진행된다. 정신 차려보면 어떠한 간극도 볼 수가 없다. 한 오리 풀잎에서마저 그 장대한 무늬가 물살 짓는 연기緣起의 허공, 연기緣起의 바다 '색즉시공 공즉시색色卽是空 空卽是色'이다.

(2007)

대여大餘 김춘수 선생 가시는 길에

—조시弔詩

꽃이 피었다

꽃이 마침내 피었다. 이 첫 겨울 아침
마루에 들여놓은
창가의 씨그라맨 한 송이가
깊게 숙였던 겸허의 고개를 바짝
치어들었다
꽃 필 때면 무슨 꽃이든 꽃들은 모두 그런다
개화는 마지막 절정으로 머문다
죽음 직전의 숨결
떨면서 뻗어나가는
그 절정의 직선을 직선의 적막을
나는 본 적이 있다

그 순간과 같다
개화와 낙화는 등을 맞대고 있다
선생님 가신 날 아침
마침내 꽃이 피었다
선생님은 그렇게 가셨다
선생님의 꽃은 어떤 꽃이었을까
키 작은 제비꽃이었을까
민들레였을까
수수꽃다리였을까
혹 나도 자네처럼 씨크라맨이라고
말씀하시지 않을까
지금 내가 부르고 있는 모두의 이름들이
내 꽃의 이름이라고 잠시 대답하시고
등돌려 가시는 적막의 무게가
허무의 무게가 하얗게 깔린다
좀 있다가 눈발이 또한
선생님 떠나신 길 위에
하얗게 깔릴 것이다

2004년 12월 1일
선생님 떠나시는 아침
정진규 엎드려 울다

오늘 우리 모두는 비로소 꽃이 되어

—조사弔辭

대여大餘 선생님! 대여大餘 김춘수金春洙 선생님! 그예 떠나십니까. 한참 무덥던 지난 8월 눕고 마시더니 벌써 넉 달째를 중유中有의 세계를 헤매어오신 선생님이셨습니다. 저희들에게 아직 일러두실 무엇이 남아 있으셨던 모양인데 알아듣지 못하는 저희들은 그저 가슴이 저려올 따름이었습니다. 슬픔에 가위눌려 당신의 이름을 부르며 부르며 잠 못 들던 나날이었습니다. 이제 떠나십니까. 무언가 저희들이 알아들었다 믿으십니까.

누우시기 얼마 전의 일들을 기억합니다. 제 욕심이었을까요. 선생님의 말년 시편들을 한 편이라도 더 남길 요량으로 《현대시학》 첫 머리에 '대여大餘의 시詩'라는 이름으로 고정 페이지를 마련하고 쓰여지시는데 따라 계속 받아 싣겠다고 말씀 올렸을 때 부담스러워하시기는커녕 오히려 그렇게 즐거워하실 수가 없었던 선생님이셨습니다. 아뿔싸! 그러나 이 기획이 제 큰 실책이었다는 생각이 자꾸 듭니다. 지난 8월호에 다른 시편들과 함께 마지막 발표하신 〈옹다리와 뿌다귀〉라는 시가 어쩐지 운명적 예언 같은 걸 내포하고 있어 가슴 섬찍했던 기억을 가지고 있습니다. "옹두리란 말이 있다./몹시 둥글다./나무에 가서 곧잘 붙는다./나무의 혹/목류木瘤라고 한다./뿌다귀란 말이 있다./몹시 삐딱하다./아무데도 가서 붙지를 못한다./삐딱한 것은 뾰족하다. 언젠가 뜻아니/자네 목구멍에 걸린 그 생선가시,"(〈옹다리와 뿌다귀〉 전문). 선생님, 이 시는 쓰시지 말걸 그랬습니다. 선생님은 그렇게 기도氣道가 막혀 누워버리시지 않으셨습니까. 옛말에 '입성수 귀성수'라 하지 않았습니까. 왜 그 '뿌다귀'를 예감하셨습니까. 시인들은 자신의 죽음을 자신도 모르게 시로 예감한다고 하지만, 선생님은 아니실 걸 그랬습니다.

잉크가 채 마르지도 않은 올봄 새로 펴신 선생님의 전집을 운명하신 이 아침 다시 펼쳐 뒤적입니다.

1992년 통영 태생이시니 이제 여든둘이시고 우리 나이로는 여든셋이십니다. 불가에서는 법랍法臘이라는 말을 씁니다만 시랍詩臘으론 처음 시를 보이신 것이 1946년《노만파魯漫派》시절부터이시니 올해로 쉰여덟 해이십니다. 누가 있어 우리 시사詩史에 시력詩歷 58년을 기록하셨습니까. 그 이전부터 시작의 이력이 있으셨을 터이니 적어도 시력 갑년甲年이라 해야 옳겠습니다. 그것도 병상에 누우시기 직전까지를 꽉 채운 선생님이십니다. 여러 해 전부터 선생님을《현대시학》은 기숙耆宿(나이 들어 그 분야에 제일 덕망과 경험이 많은 분)으로 모셔왔습니다만 표현 그대로 선생님은 한국 현대시의 '기숙'이셨습니다. 첫 시집《구름과 장미》(1948. 8, 행문자)에서 시작해서 제16시집《쉰 한 편의 비가悲歌》에 이르는 선생님의 시력이 그것을 말해줍니다. 이름 그대로 선생님은 우리 현대시를 열고 이끌어오셨음을 저희 후진들은 온몸으로 받아 안고 있습니다.

올봄 새로 펴신 선집 말미 〈책 위에〉에서 선생님은 스스로가 '역사허무주의자'임을 다시금 확인하셨습니다. 이 말씀이 함유하고 있는 시의 행로와 그 본원적인 갈등과 비극을 얼마만큼 유연하게 그리고 노래로서 극복해갈 수 있는가를 시의 화두로 남기셨습니다. 허무하고 또 허무합니다. 그러나 선생님의 시가 있고 정신이 있습니다. 못난 후진 진규는 엎드려 곡하고 또 곡하며 이 글을 썼습니다. 평안히 잠드소서. 지금 우리 모두는 비로소 꽃이 되어 당신을 보내드리고 있습니다. 선생님, 大餘 선생님! 당신과 함께 서로의 이름을 부르고 있습니다.

2004년 12월 1일
정진규 哭輓

* 이 조사(弔辭)는 정진규 육필 붓글씨로 씌어져 병풍으로 꾸몄다. 유족이 보관하고 있다.

광복 50년과 우리 현대시의 '입말', '글말'

1

한글 전용론자들이나 즐겨 쓸 직한 '입말'이나 '글말'이라는 표현을 좀은 생경한 대로 떠올린 것은 오늘 우리가 논의하고자 하는 주제(우리 시의 당면 과제)가 '광복 50년'이라는 그 역사적 배경을 전제로 하고 있어서이다. 한낱 정서적인, 혹은 순간적인 발상에서가 아니라, 그런 만큼 그 역사적 배경이 지니는 본원적인 의미가 거기 밀착되어 있기 때문이라는 생각이 들었다.

1945년의 민족해방은 그 유례가 없었던 이민족통치異民族統治의 종식을 뜻하는 것이라는 점에서 우리의 역사적 삶이 지녔던 어떤 굴절과 전환보다도 모든 부면에 있어 가장 큰 의미를 지니는 것이었다. 특히 문화사적으로는 우리 모국어, 우리의 말과 글이 금제와 타율로부터 해금과 자율로의 새로운 시간과 공간을 열었음을 생각할 때 이 같은 '입말'과 '글말'의 문제에 대한 제기는 그 첫 번째의 자리에 놓여져야 마땅하다 하지 않을 수 없다. 이를 '구어口語'나 '문어文語' 따위의 한자말로 적지 않고 순수한 우리 모국어로 상기하고 있음 또한 문제의 제기를 있게 하는 가장 중요한, 그리고 자연스러운 정서적 바탕이라 할 수도 있다.

물론 순수 한글 전용만을 고집하고자 이 같은 문제를 제기하고 있는 것은 아니다. 그러나 아직도(50년이 지난 지금도) 한글과 한자漢子의 사용에 있어 이론異論의 통일과 체계의 확립이 미망을 거듭하고 있는 상태는 우리 문화의 괴리와 차단의 한 요인이 될 수도 있다는 점에서 매우 중요한 사실로 지적되지 않을 수가 없다. 전문적으로는 시간적 언어로 분류되는 '입말'(소리말)과 공간적 언어로 분류되는 '글말'(글자말)의 경계가 꼭이 한글과 한자의 사용으로만 구체화되는 것은 아니나 그 불일치의 중요 요인이 되고 있다는 점에서 그러하다는 이야기다. 최근, 이 같은 현상을 우려한 한 학자의 논문에서 보이는 다음과 같은 예화는 우리를 실감케 해주고도 남음이 있다.

"녹인이가 유치원에 들어갈 때였다. '하나, 둘, 셋…'의 수를 셀 수는 있었지만 '1, 2, 3…'의 숫자는 읽지 못하였다. 이 아이는 숫자를 배우면서 하나의 물음을 갖게 되었다. 왜 숫자를 '하나, 둘, 셋…'으로 읽지 않고 '일, 이, 삼…'으로 읽는가라는 것이었다. 배우는 기호들을 자신이 알고 있는 개념의 이름으로 연결시키는 것이 더 편리했기 때문일 것이다. 그래서 '육은 몇이야?'라는 물음을 물어야 했고 엄마는 '육은 여섯이야'라는 대답하는 것이었다. 한국의 어린이들은, 최초의 기호 배우기부터 '입말'과 '글말'의 괴리에 부딪치면서, 서러운 역사의 부담을 안고 있는 것이다."*

2

이러한 현상이 우리 시에도 없다고만 할 수 있을까. 우리 현대시의 '입말'과 '글말'에 대한 문제를 제기하는 뜻이 여기에 있다. 단순한 생활어의 범주 안에서도 저러하거니와 전문적이며 개인적인 의식의 세계를 바탕으로 하는 문학언어, 시어의 경우에 있어서는 이 같은 문

* 정대현, 〈한글 전용의 의미론〉, 《세계의 문학》(1994 가을).

제가 더욱 심각하게 우회, 전진된 상태에 놓여져 있으리라는 생각을 하게 되는 것은 그렇게 부자연스러운 일이 아니다.

'입말'과 '글말'의 불일치는 공동체적 삶의 양식을 상실하고 있다는 점에서 살아 있는 말이라고 할 수가 없다. 이는 지시적 교통의 일상어에서만이 아니라, 시어의 경우에 있어서도 매우 중요한 문제가 아닐 수 없다. 시어가 아무리 자기중첩운동과 함량증가운동을 거친 존재의 향유를 그 본원으로 한다 할지라도 공동체적 삶의 양식을 분모로 하고 있지 않고 그것을 풍부하게 하는 궁극을 지니고 있지도 않을 때 결코 설득력을 지닐 수 없음을 우리는 빈번하게 보아왔다.

이 같은 현상은 몇 개의 유형으로 분류될 수도 있거니와, 그간 우리가 경험해온 자신의 방법과 지식만을 선행시키고 있는 시, 개인만이 있고 집단이 없었던 시, 집단만이 있고 개인이 없었던 시, 잘못된 텍스트들끼리 서로 텍스트가 되어 있는 시, 저급한 감성과 유치한 비문으로 독자들을 퇴행화시킨 이른바 익명의 시들이 모두 이 범주에 든다 할 수가 있을 것이다.

공동체적 삶의 양식에 닿아 있는 언어란 결코 사실적 실용성의 그것만을 의미하지 않는다. 인간의 내부에 잠재되어 있는 신화적 세계의 상승적 확충과 정서적 깨우침의 미학적 향유까지를 모두 포함한다고 할 때 저 같은 시들에 대한 우리들의 자각이 가능하다 할 수가 있는 것이다.

그런데 더욱 문제가 되고 있는 것은 최근 우리 시에 빚어지고 있는 또 다른 두 개의 현상이다. 이들은 얼핏 상반된 것으로 보아질 수도 있는 것인데, 그 하나는 시의 본질을 정신적 우위성에 두려는 나머지 시를 평면적인 사고와 정서로 퇴행시키고 있는 것들이며, 또 다른 하나의 '육체는 정신이 부리는 도구가 아니라 주체 그 자체이며 그 전부'라고 과신하고 있는 데서 오는 욕망의 부글거림으로만 가득 차 있는 시들이 그것이다. 이들은 본질과 실험이라는 말로 각자 합리화하고 있거나 퇴영과 퇴폐라는 말로 또한 각자 길항하고 있는 것들일 터인데 똑같이 우리의 공동체적 삶의 양식과는 그것들이 불일치를 이루고 있는 것으로 보아진다. 왜냐하면 우리의 공동체적 삶의 양식은 정신과 육체의 분리를 근원적으로 수락하고 있지 않기 때문이다.

여기서 그 극단에 와 있는 부정적 사례를 드는 것보다도 그러함들을 비교적 잘 극복하고 있는 몇 편의 시들에 대한 부분적인 읽기를 통하여 오늘의 우리 시에 대한 희망적인 한 전망으로 삼고자 한다.

[I-1]
나도 그 섬에 가고 싶다.
가서 동서남북 십리허에
해골표지 그려진 禁標碑 꽂고
한 십년 나를 씻어 말리고 싶다.

옷 벗고 마음 벗고
다시 한 십년
별으로 소금으로 절이고 나면
나도 사람 냄새 싹 가신 等神
눈으로 말하고
귀로 웃는 達磨가 될까
—임영조 〈孤島를 위하여〉 부분

[I-2]
내 몸이 소금을 필요로 하니, 날마다 소금에 절어 가며
먹장 煤煙 세월 썩는 육체를 안고 가는 여행 힘에 겹네
썩어서 부식토가 되는 나뭇잎이 자연을 이롭게 한다면
한줌 낙엽의 사유라도 길바닥에 떨구면 따뜻하리라
그러나 찌든 엽록의 세상 너덜토록
풍화시킨 쉰 살밖에 없어

후줄근한 퇴근길의 오늘 새삼 춥구나
저기, 사람이 있네, 염전에는 등만 보이고
모습을 볼 수 없는 소금 굽는 사람이 있네
—김명인 〈소금바다로 가다〉 부분

[II-1]
시대적 유관순을 그리워한다.
우리가 꿈꾸는 유관순은 상당히 자극적이다.
발가벗기워 거꾸로 매달린다.
그녀의 자궁에 깊게 박히는 곤봉
오, 검붉은 곤봉
우리들 축축한 살 숯불로 데우면서
조건 없는 혁명의 피를 탐하게 하노니
우리의 스크람 속에 굳은 숯덩이로 남은 것이 역사라면
역사란 우리가 조건 없이 쓰고 버린
1회용 콘돔일 뿐
—이윤택 〈막연한 기대와 몽상에 대한 반역·8〉 부분

[II-2]
대머리를 위하여 그녀는 머리카락을 뽑는다
대머리를 위하여 그녀는 음모를 잡아 뜯는다
대머리를 위하여 그녀는 겨드랑이 털을 깎는다
검은 털이 수북하다 밖에는 비가 내리고 있다 그녀는
추억 속의 벗겨진 머리가죽 말라붙은 가죽 위에
털들을 꼼꼼히 심는다 대머리가 만족할 만한 가발을
만들기 위해 촘촘히 바느질한다 비가 거세게 내리고 있다
시간은 좀 걸렸지만 그녀는 완성된 가발을 가지고
대머리에게 간다 진짜 머리털보다 더 진짜 같은 가발을

대머리에게 준다 이걸 만드느라 일찍 오지 못했어요
대머리는 가발을 던져 버린다 기다리느라 비를 너무
많이 맞았어 머리가 불어서 그 가발은 이제 나에게
맞지 않아 대머리의 육체 가득 출렁이는 빗소리가 들린다
그녀가 공들여 만든 대머리를 위한 가발이
찢겨진 우산처럼 빗길에 버려져 있다
—성미정 〈대머리와의 사랑〉 전문

위의 시들 [I-1]과 [I-2], [II-1]과 [II-2]를 서로 짝지어 생각할 때 우리는 거기서 적지 않은 상거를 나타내고 있는 시적 담론 양식과 정서적 층위를 만나게 될 것이다.

[I]의 시들은 비교적 건강한 현실적 초극의 의지를 그 바탕에 깔고 있으며 그 어조 또한 전통적 정서의 층위와도 크게 괴리되어 있지 않다. 이를테면 임영조의 경우 "한 십년 나를 씻어 말리고 싶다"는 의지적 표출이라든지 "십리허에", "소금으로 절이고" 등에서 보이는 언어들은 '입말'과 '글말'의 불일치를 극복한 공동체적 삶의 양식으로부터 나온 언어들이며 그 정서적 함량운동이 이룩한 시적 공간으로서의 언어라고 할 수가 있다. 왜냐하면 이들 표현들은 우리의 일상 속에서도 살아 있는 말이며 '십리허에'는 의지적으로 설정한 극기의 공간을, '소금으로 절이고'는 부패를 막고 치유하는 행위를 아울러 상징적으로 나타내고 있음을 우리가 우리의 언어체험을 통해 쉽게 긍정할 수가 있기 때문이다.

김명인의 경우도 마찬가지다. 역시 소금의 사실적 기능을 바탕으로 한 그 이미지와 정서가 정신적 기능으로서 전이 구체화되어 있거니와, 어둠을 밝음으로 바꾸고자 하는 그 건강성이 결코 도식적인 결구로서가 아니라 개성적인 자기중첩운동을 거친 언어로서 개성화되어 있다. "저기, 사람이 있네, 염전에는 등만 보이고/모습을 볼 수 없는 소금 굽는 사람이 있네"에서 보이는 절제의 탄력이 그것이다. 희망

적인 세계의 노출적 표현은 오히려 분산과 이완을 가져오기 때문에 '등만 보이고'라는 감춤의 세계를 통하여 응축의 세계가 지니는 확산과 상승의 힘을 그는 생산적으로 유보하고 있는 것이다. 이는 가득 찬 만월보다도 반달에 더 의미를 두고 있는 우리의 오랜 정서와 전혀 무관한 것이 아닐 터이다.

[III]의 시들은 얼핏 보아서 자포자기의 것들이며 퇴폐적인 것들로 읽혀진다. 건강해 보이지 않는다. 이윤택의 경우, 근엄한 도덕주의자들에게는 저러한 표현들이 '유관순'에 대한, 그리고 역사에 대한 신성모독으로("역사란 우리가 조건 없이 쓰고 버린/1회용 콘돔일 뿐") 읽혀질 수도 있을 것이다. 그러나 결코 퇴폐나 자포자기로만 빠지고 있지 않음은 "조건 없는 혁명의 피를 탐하게 하노니"에서 보이듯 하나의 적극적인 저항으로 나타나고 있음에서도 확인될 수가 있으며, 퇴폐적인 그 표현들 자체도 사실은 더욱 퇴폐적이었던 역사에 대한 역설적 저항, 혹은 풍자적 저항으로 해석되어져야 할 것이다.

정도의 차이만 있다 뿐이지 이러한 풍자적 저항은 우리의 전통적인 산물이었던 예컨대 판소리와 같은 데서도 흔히 찾아볼 수 있는 것들이다. "1회용 콘돔"도 분명히 이 시대의 삶의 양식이 빚은 언어일 때 시어로서 금기의 대상이 될 수가 없다. 시의 문법에서는 갈등과 고뇌의 경향이 없는 은폐의 귀족언어들이 오히려 퇴폐적인 언어이며 타락한 언어가 된다 할 것이다.

성미정의 경우는 이제 갓 등단한 신인의 그것이라는 점에서 주목된다. 어떻게 저러한 사랑의 행위가 가능할 수 있을까. 그로테스크한 그 진행이 우리의 정서에 혼란을 가져오고 있으며 도착된 세계의 그것으로 다가온다. 사랑하는 자를 위한 헌신의 상징은 우리의 공동체적 삶의 양식에 있어서 흔히 '꽃', 또는 '꽃바구니' 같은 것들이 담고 있는 이른바 '산화공덕散花功德'의 그것으로 오랜 세월 자리해왔는데 '대머리'라니 '가발'이라니 이게 웬일인가. 그것도(미당未堂의 경우 '머리털로 삼아드린 짚신' 같은 것이 없지도 않았지만) 잡아 뜯은 '음모', 깎아낸

'겨드랑이털'이라니 놀랍지 않을 수가 없다. 이를 퇴폐적인 도착 현상이라고만 말해야 할 것인가.

여기서 우리가 시선을 돌려야 할 점은 요즈음의 젊은 시인들의 시에 이와 같이 육체가 적극적으로 개입되고 있다는 사실이다. 그들은 정신의 전일적인 지배 아래 놓여 있었던 하위 개념으로서의 육체를 끌어올림으로써 시의 주체, 시의 공간을 새롭게 정립하려는 의식과 정서로 크게 전이되어 가고 있다. 이러한 위상에서 본다면 저와 같은 담론 양식과 정서도 가능하다 할 수 있다.

실제 성미정의 경우 시적 전개에 있어서는 별 문제가 보이지 않는다. 그녀의 사랑의 대상인 '대머리'와 '그녀'가 현실적 외압에 의해 파경으로 끝내고 있는 그 사랑의 엇갈림을 통해 우리는 오늘의 삶이 지니는 절망의 구조, 그 상징적 현실을 거기서 만날 수도 있다. 다만 왜 이러한 세계로의 전향이 저들 젊은 시인들에게서 나타나고 있느냐에 대한 탐색과 확인은 미루어 짐작되는 바가 없지도 않으나 좀더 기다려 보아야 할 일일 것이다.

3

'입말'과 '글말'의 불일치, 시는 그 장르상의 특질로 보아 자칫 공동체적 삶의 양식으로서의 언어의 분모성을 상실할 수도 있다는 우려에서 몇 가지 문제를 제기해보았다.

'입말'이 '밖'의 말이며 '글말'이 '안'의 말이라면 이러한 불일치의 현상 또한 안과 밖의 불일치, 또는 어느 한쪽에만 머무는 독단적인 선택에서 오게 되는 것이라고 보아진다. 그러나 안과 밖은 결코 분리될 수가 없다.

그러한 면에서 최근 매우 긍정적으로 읽혀진 바 있는 다음의 한 대목을 인용하면서 이 발표를 마무리하고자 한다.

> 일상적인 하루가 시작되는 최초의 수 분 동안에 일어날 수 있는

많은 안-밖(in-out)의 방향 부여 중에서 몇 가지 예를 생각해 보자. 당신은 깊은 잠에서(out) 깨어나, 침구 안에서(out) 방을(into) 물끄러미 본다. 차츰 무감각의 상태에서(out) 벗어나서, 침구에서(into) 나와서(out), 욕실로(into) 들어간다. 거울을 들여다보니(in), 자신의 얼굴이 이쪽을(out) 보고 있는 것이 보인다. 선반으로(into) 손을 뻗쳐서 치약을 꺼내어(out) 소량을 짜낸다(out). 칫솔을 입에 넣고(into), 이를 급히(in a hurry) 닦고 양치질을 한다(rinse out). 조반을 먹을 때 당신은 더욱 많은 안-밖 운동을 해 보인다—커피를 따르고(pour out), 요리를 차려놓고(out), 빵을 토스터에(in) 넣고, 잼을 토스트에 바르고(out) 등등.

이러한 안(in) 밖(out)의 의미들에는, 공간에서 명확한 방향 부여를 수반하는 것도 있는가 하면, 이를테면 회화에 참가하는 것과 같이 추상적이고도 비공간적인 관계를 수반하는 것도 있다. 그러나 그것들은 모두 물리적 실체나 사건 내지 추상적 실체와 사건 사이에 관계를 세우는 활동을 필요로 한다.*(윗점 필자)

(1994)

* 마크 존슨,《마음 속의 몸》, 이기우 옮김(한국문화사, 1992), 87쪽.

제14회 만해대상 수상소감

일찍이 한 사원寺院이 그 나라 시정신의 한 맥脈으로, 문학사 그 자체로 정주定住하고 있는 사례를 찾아보기란 매우 어려운 일이다. 만해 선생이 일찍이 백담百潭에 거居하셨다는 뜻에서만이 아니라 만해의 정신과 문학은 이 시간 현재까지 백담百潭을 중심으로 계승 실천 선양되고 있으며, 이 나라 문학이 열어야 할 큰 시, 큰 문학의 한 전범典範으로서 숭앙되고 있어 무엇보다 그러하다는 말이다. 이러한 선생의 이름으로 상을 받게 되었다는 것은 크나큰 영광이요, 과연 내가 이 상을 받을 만한 문학을 해왔는지 주저되는 바 없지 않은 것이다. 이 상을 주관하는 만해 사상 실천 선양회와 선정위원 여러분께 거듭 감사의 뜻을 표한다.

그간 내가 읽고 공부해온 만해 선생의 그 큰 그늘을 이 자리에서 다시 한 번 짚어본다. 선생은 아시다시피 1879년 기묘己卯, 충남 홍성읍洪城邑 남문리南門里에서 고종高宗 연간에 나시었다. 우연의 일치랄까 송구하게도 나 또한 1939년 기묘생이니 갑년甲年 전배前輩이시다. 이러한 사실마저도 내게는 무슨 인연인가 싶고 큰 은혜로 생각되어 그만 가슴이 두근거린다. 무엇보다 그간 선생의 시와 정신이 지닌 훈도薰陶에 접하면서 특히 시 〈님의 沈默〉이 지닌 사설체辭說體, 그 신비한 트릭, 내포된 사상을 나의 시가 그간 궁구해온 산문체散文體의 연원으로 감히 높게 받들어 오기도 했음을 이 기회에 고백한다.

나는 기억한다. 위당爲堂 선생께서는 만해 선생의 진면목을 풍란화風蘭花 '매운 향내!'로 도파道破하셨으며, 나의 스승이신 지훈芝薰 선생께서는 선생의 그 "서리犀利, 준열峻烈, 그 애수哀愁가 우리의 심두心肚를 울리고 있다"고 독특한 강건체로 논하신 한용운론韓龍雲論을 펼치신 바 있다. 그 방광放曠함에 지금도 가슴 설렌다. 지훈 선생께서 이 논에서 전개하신 바와 같이 "선교쌍수禪教雙修의 종장宗匠으로서의 선생의 증득證得"이 실천한 민족 운동과 서정시로서의 문학을 일관하는 '님'에의 가없는 사모는 우리가 이어 받들어야 할 큰 문학 큰 시의 길이라고 가슴에 아로새기고자 한다.

끝으로 평가해주시고 격려해주신 내 부끄러운 그간의 시력詩歷을 반성삼아 돌아보니 몇 개의 길트기와 시세계의 단락을 발견케 된다. 굳이 그것들을 여기 열거해 또 한 번의 내 부끄러운 열패의 모습들을 드러내고 싶지는 않지만 그간 열중해온 소위 나의 '몸詩'는 다음과 같은 역정을 거쳐왔다 할 수 있다. 어린 시절부터 나를 붙잡고 놓아주지 않던 감성과 이성의 갈등은 작품 속에서 '시성詩性'과 '산문성散文性'이라는 이름으로 모습을 바꾸어 나를 고뇌케 하였으며, 다시 이는 '집단'과 '개인'이라는 시의 사회적 수용의 문제로, '애매함'과 '정직함'이라는 표현의 문제로 모습을 바꾸어가면서 내 시의식의 극복의 문제로 오랜 세월 화두話頭가 되어왔다. 다시 말해 그 '경계를 지우는' 다양한 방식의 시적 구현 속에 내 시는 자리해왔다. 소위 내 시 형식으로 장르화 된 산문체가 그 대표적인 사례라 할 수 있다. 서정적 리듬과 환상의 파도가 한 몸을 이루는 율려律呂의 세계, 그래서 나온 '몸'과 '알'이라는 우주적 생명의 질서를 불가적 '불이不二의 정신'으로 나는 지금도 실체화 하려는 추구 속에 있다. 그것이 내 산문시散文詩

의 요체라 할 수 있다.

조심하고 절제코자 하나 겁 없는 나의 시탐詩貪은 벗어날 길이 없어 만해 선생이 지적하신 시수詩瘦의 득격得格은 아직도 아득하기만 하다.

다시 한 번 만해 사상 실천 선양회와 심사위원 여러 분께 합장, 머리 조아린다.

경인庚寅 이천십년 삼월
경산 정 진 규

'눈에 밟히다'와 '당길心'

—제2회 이상시문학상 수상소감

*

한 시인의 머리 위에 이상李箱이란 관사가 붙게 된 것을 무엇보다 먼저 영광으로 생각합니다. 이상은 우리 현대시의 포월적 향도요, 시의 본질인 실험 정신 그 자체이기 때문입니다.

내가 '이상시문학상' 수상자로 과연 적격자인가를 생각해보았습니다. 연전 작고하신 김춘수 선생이 내 시를 두고 "정진규의 산문시는 이미지의 내면적 리듬, 환상의 파도를 만들어낸다"(《사색시화四色詩話》)고 말씀하셨습니다. 최근 발간한 내 시집 《공기는 내 사랑》(책만드는집, 2009)을 두고 김종길 선생께서는 "나이 들수록 시의 행갈이라는 것이 객쩍다는 생각이 든다"(사신)며 나의 산문체에 대한 적극적인 동의를 해주셨습니다. 이 두 분 원로의 말씀으로 미루어 결국 나의 산문체 형식이 새로운 시의 형식으로서 그 실험의 성취를 보였다는 뜻으로 나는 해석하고자 합니다. 이런 국면에서 본다면 이상李箱이 성취해낸 현대적 자각, 그런 현대시로서의 본성에 나의 이번 수상이 부합한다는 생각이 들었습니다.

내 시를 집약하는 말로 '몸詩'라는 말을 장르화 해왔습니다. 이 또한 이상李箱의 현대성이나 이 상賞이 지향하는 내면적 불성佛性의 세계와도 무관하지 않다는 생각입니다. '몸詩'란 전일성全一性의 세계, 존재론적 실체성實體性의 세계를 그 궁극으로 합니다. 시간과 영원, 현실과 영혼, 안과 밖의 세계가 원융圓融을 지향하고 있습니다. 범박하게 한 예를 들자면 우리 여성어女性語에 '눈에 밟힌다'라는 말이 있습니다. 간절한 그리움을 실체화한 표현입니다. '그리움'은 마음이요 '밟히다'는 그 마음의 동사적 실체화, 가시화한 '몸'을 만들어낸 말입니다. 이처럼 우리의 일상 속에 '몸詩'의 세계가 실체로 존재합니다. 우리 말이 지닌 상징 실체, 그 '몸'을 나는 사랑합니다. 놀랍게도 우리 말은 의미로든, 이미지로든, 음성으로든 그 '몸'을 지니고 있어서 지시성과 암시성을 동시에 아우르는 교감을 그 본색本色으로 하고 있습니다. 거기에 체험으로 가감된 놀라운 해학을 한 단어만으로도 가능한 기능을 발휘합니다.

**

우거寓居를 생가인 경기도 안성으로 옮긴 지 두 해가 지났습니다. 석가헌夕佳軒이라 이름했습니다. 노추를 면해보자는 속셈이었지요. 실은 선대 묘소를 한 곳으로 모시고 그 묘소를 관리하는 묘지기의 소임을 하기 위해서였습니다만 자연과 보다 깊게 소통할 수 있는 기회를 갖게 되었습니다. 그 가운데 새롭게 발견한 것이 이른바 자연의 '당길심'이란 것이었습니다. '심'이 처음에는 '힘'의 사투리이거나 '힘'의 유사음일 것이란 생각을 했었습니다. 그러나 아니었습니다. 이상한 예감에 사전(이희승 국어대사전)을 들추어 보니 "제게로만 당기려는 욕심"의 '심心'이었습니다. '심'이 '힘'이 되는 경지, 정신의 힘과 육체의 힘이 거기 함께 있습니다. 그 예인의 힘은 실로 놀라운 생명 현상이었습니다. 그게 또 다른 제 시의 힘이 되고 있습니다. 양으로도 시의 생산성을 활발하게 해주고 있습니다. 종전엔 평균 4년 터울로 1권씩의 시집이 엮어지곤 했는데 이번엔 고향에 내려간 2년 만에 그것도 70여 편을 《공기는 내 사랑》 한 권 시집으로 엮을 수가 있었습니다. 무엇보다 그 자연의 '당길心'은 묘력을 지니고 있어서 제 시의 또 다른 혈맥을 열어주고 있습니다. 조붓한 그 자연의 통로에서 저는 새로운 시적 체험에 황홀해하고 있습니다. 농부들이 쓰는 말에 '곡식들은 다가오는 발자국 소리만 듣고도 자란다'는 말이 있습니다. 한 번 들여다본 것과 두 번 들여다본 것이 확실하게 다른 것을 눈으로 확인했습니다. 몸으로 표현했습니다. 그게 자연의 존재들이 보이는 생명의 실존 현상입니다. 자연은 그저 우리 인간들에게 베풀기만 하는 줄 알았는데 아울러 제 생명을 면밀히 먼저 챙기고 있었습니다. 그걸 열심히 좇아가면서 그 생명의 '율려律呂'가 만나는 순간순간들을 시로 옮겼습니다. 그러다 보니 내 시 속에서 생명과 죽음의 세계가 서로 '배가 맞았습니다'. 그 '화친和親', '회통會通'을 배워 나도 시와 '배가 맞았습니다'. '당길心'이 일었습니다. 건강이 다할 때까지 '당길心'을 잃지 않으리라 다짐합니다. 상으로 격려해주신 여러분께 감사드립니다.

시詩의 비극성悲劇性과 황홀성恍惚性

1

주어진 표제 '울면서 쓴 시詩와 웃으면서 쓴 시詩'를 지시적指示的인 의미意味 그대로만 받아들이면 곤란하다. 만약 그렇게 한다면 마치 시詩를 눈물과 웃음의 소산所産만으로 여기게 될 위험성이 거기에 따르게 되기 때문이다. 하기야 우리가 영위하는 삶의 양식樣式이라는 것이 이 두 개의 명사名詞 사이에서 이룩되는 갖가지의 긴장과 갈등이라고 할 수는 있다. 그러나 그것은 일찍이 낭만주의浪漫主義의 시편詩篇들이 지녔던 바의 '감정感情의 유로流露'라는 측면에만 국한될 위험성을 내포한다. 이에 우리는 많은 시간을 통하여 그 같은 개념으로부터 멀리 벗어나서 시를 건축해오고 있지 않은가. 단순한 감정으로부터 벗어나 보다 깊은 빛의 굴절을 거기에 투사할 줄 아는 소위 인식론적認識論的인 방법을 시詩에 수용한 지는 이미 오래다. 우리는 이미지의 조형造型이라는 것을 알고 있으며 따라서 그 같은 하나의 작업作業을 통하여 무방비 상태가 아닌 통제와 정리라는 요소로서의 질서秩序, 즉 시적 논리詩的論理라고 말해질 수 있는 자기통어自己統御 속에 있다. 즉 어떤 카오스의 상태로부터 코스모스로 가는 길을 체질적體質的으로 터득하여 지니고 있다는 이야기다. 그 길은 절대로 공시적公示的인 길이 아니다. 그 시인詩人 자신만이 지닌 하나의 비밀의 통로로서 비교적秘教的인 신비의 것이며 한 작품 작품이 이루어질 때마다 각각 다른 (한 시인詩人의 경우에 있어서도) 그런 것으로 되어져 있다.

이런 각도에서 볼 때 오늘의 시詩가 당도해 있는 시간과 공간이란 지시적指示的인 의미에 있어서의 눈물이나 웃음 따위와는 상당한 거리를 지니고 있는 것이라는 사실은 누구나 인지할 수 있을 것임에 틀림이 없다. 때문에 나는 주어진 표제 '울면서 쓴 시詩와 웃으면서 쓴 시詩'라는 요청에 맞추어 이것은 울면서 쓴 시詩이며 저것은 웃으면서 쓴 시詩라고 손쉽게 카드를 제시하는 일이 얼마나 무모한 일이냐고 하는 생각을 지니지 않을 수가 없었다. 그래서 이를 나름대로 '시詩의 비극성悲劇性과 황홀성恍惚性'이라는 말로 바꾸어 수용키로 했으며 또 그런 각도에서 이야기를 전개해나가는 것이 타당하다고 생각했다. 다시 말해서 시詩에 있어서의 '울음'은 비극성悲劇性으로, '웃음'은 단순한 코미디가 아닌 황홀성恍惚性으로 수용코자 한 것이다.

2

시詩에 있어서의 비극성悲劇性이란 바로 이러이러한 것이다라고 하는 문답식問答式의 단답單答을 내고자 서두르기에 앞서 우리는 연극상演劇上에 있어서의 비극悲劇이 전통적으로 지녀온 바의 그 특질特質을 우선 이해하는 일이 중요하다고 본다. 비극은 그저 막연하게 슬픈 어떤 것만으로 수용하고 있는 우리들의 일상적日常的인 상식의 세계로부터 벗어나는 일을 해보자는 이야기이다. 이야기가 났으니 말이지 시詩를 생각하고 그것을 행위하는 사람들이란 늘 이 일상성日常性으로부터의 극복에 깊은 관심을 지녀야만 한다. 언제나 정착定着을 싫어하는, 다시 말해서 보편적인 개념概念의 옷을 나름대로 끊임없이 벗어버리고자 하는 의지意志 속에 있어야만 한다는 것은 하나의 상식이다. 혹 이러한 의식意識과 행위行爲는 도전적挑戰的인 어떤 것이며 부정

否定 일변도의 어떤 것으로 또는 그 자유분방自由奔放함을 무질서無秩序의 어떤 것으로 해석하는 극히 일차원적一次元的인 관념론자觀念論者들에 의해서 타기唾棄의 대상으로 간주되는 일이 없지도 않지만 이른바 표면적表面的인 일상생활日常生活에 있어서의 도덕적道德的인 논리論理와 창조적創造的인 세계世界에 있어서의 성실성誠實性을 동일시同一視한다는 것은 매우 위험한 일이 아닐 수 없다. 가령 꿈이라는 말이나 '신화神話'라는 말이 우리의 삶에서 제거될 때 있어지는 것이란 무엇인가. 동물적인 일회성一回性밖에 거기에 남는 것이란 아무 것도 없다. 그러니까 시인詩人들이란 그 반대의 입장에 서서 우리 인류에게 늘 영원성永遠性을 부여하는 자들이란 정의定義를 긍정적으로 수용해야만 할 것이다.

이야기가 다른 방향으로 흐른 느낌이 없지 않으나 이 같은 시적詩的 체질體質은 시詩에 안주安住하여 누리려 들지 않는가. 늘 아픈 싸움 속에 있어야만 하는가. 여기에도 분명히 비극성悲劇性은 존재한다. 이야기를 본론本論으로 돌리기로 하자. 문학文學이 지녀온 바 비극悲劇(tragedy)의 원형은 대체로 다음과 같은 형태로 구성되어진다. 즉 어떤 상황 속에 있는 한 주인공의 경우, 그를 압박하는 어떤 대상이 그에게 접근되고 있음을 알아차리기는 하지만 이미 때는 늦다. 벌써 그의 적이 되고 있는 장애 요인들이 정황을 '뒤바꿔' 그를 수세로 밀어붙이고야 만다. 그는 언제나 이런 상황의 되풀이 속에 존재한다. 따라서 그의 낙담과 좌절과 실망은 계속될 수밖에 없다. 다시 시작하고 또다시 시작하는 아픔의 연속이 있을 따름이다.

시詩가 지니는 바의 세계도 마찬가지라는 것이 나의 생각이다. 앞서 이야기한 바의 창조적創造的인 본능本能이란 늘 안주安住를 거부하고 있는 것이 사실이기 때문이다. 일상성日常性으로부터 벗어나고자 하는 사람이 어떻게 '누림'의 상식적인 행복 속에 존재할 수가 있으며 모두와 더불어 낄낄대는 웃음 속에 있을 수 있는가. 그는 언제나 고독할 수밖에 없는 것이 사실이다. 혼신의 힘을 다해서 한 송이의 시詩라는 꽃을 피워냈다고 하자. 그러나 그 한 송이의 꽃만으로는 충족할 수 없는 그런 숙명적인 존재가 바로 시인詩人이다. 뚫고 나가야만 할 또 하나의 거대한 벽이 그를 가로막고 있음을 그는 분명히 인식한다. 때문에 그의 피나는 작업은 또다시 계속될 수밖에 없다. 앞서 이야기한 바의 비극悲劇의 연속적인 공간과 시간 속에 존재해야 하는 것이 바로 시인詩人이기 때문이다. 나는 이 같은 시詩의 체질體質을 비극성悲劇性이라 정의定義하고자 하는 것이다. 이 같은 '비극성悲劇性'이 두드러지게 작용作用되어졌다고 생각하는 나의 작품作品 하나를 읽고 지나가기로 하자.

> 어쩌랴, 하늘 가득 머리 풀어 울고 우는 빗줄기, 뜨락에 와 가득 히당도 하는 저녁 나절의 저 음험한 悲哀의 어깨들. 오, 어쩌랴 나 차가운 한 잔의 술로 더불어 혼자일 따름이로다. 뜨락엔 작은 나무의자 하나 깊이 젖고 있을 따름이로다. 全財産이로다.
>
> 어쩌랴, 그대도 들으시는가. 귀 기울이면 내 幼年의 캄캄한 늪에서 한 마리의 이무기는 살아남아 울도다. 오, 어쩌랴 때가 아니로다, 때가 아니로다, 때가 아니로다. 온 國土의 벌판을 기일게 기일게 혼자서 건너가는 비에 젖은 소리의 뒷등이 보일 따름이로다.
>
> 어쩌랴, 나는 없어라 그리운 물, 설설설 끓이고 싶은 한 가마솥의 뜨거운 물. 우리네 아궁이에 지피어지던 어머니의 불, 그 잘 마른 삭정이들, 불의 살점들 하나도 없이 오, 어쩌랴, 또 다시 나 차가운 한 잔의 술로 더불어 오직 혼자일 따름이로다. 全財産이로다. 비인 집이로다. 들판의 비인 집이로다. 하늘 가득 머리 풀어 빗줄기만 울고 울도다.
>
> —〈들판의 비인 집이로다〉 전문

처절한 격리, 절대적인 고독 같은 것의 아픔을 표출하고 있음은 누구나 인지할 수가 있으리라고 본다. 이 시詩가 지니는 바의 저 절대

무변絶對無邊의 공허감. 아무것도 잡히지 않는 허위적거림. 그런 것을 이 시詩에 나타내고자 한 것이 본래本來의 나의 의도이며 시詩를 행위하는 진정한 내 모습이 바로 이것이라는 사실에 대하여 나는 아무런 부정을 할 수가 없다. 이 시詩에 나타나고 있는 어머니의 불은 내가 이르고자 하는, 그리워하는 꿈의 세계다. 하나의 신화神話다. 그것에 대한 절실함 때문만으로 나는 그저 언제일지도 모를 그때를 향하여 앞으로 앞으로 가고만 있을 따름이다. 여기에 비극悲劇의 원형이 있다. 사실 이 같은 상태와는 반대로 쾌적한 정서, 해방감, 해소감 같은 것을 시가 독자에게 가져다줄 수 있다는 데에 나는 크게 회의적이다. 늘 아플 수밖에 없다. 아픔 그 자체를 통하여 진실을 보여줄 수밖에 없다.

이상으로 시詩가 지니고 있는 바의 본질적인 비극성悲劇性에 대하여 일별一瞥해보았다. 다음은 황홀성恍惚性에 대한 이야기를 나누어보기로 하자.

3

나는 앞서 이 황홀성恍惚性을 웃음의 어떤 요소와 연결하여 보고자 제시한 바가 있다. 국어사전(이희승)의 해석에 의하면 '황홀(恍惚·怳惚·慌惚) 명사 ① 광채가 어른어른하여 눈이 부심 ② 사물事物에 마음이 팔려 멍하니 서 있는 모양 ③ 미묘하여 헤아려 알기 어려움 ④ 흐릿하여 분명하지 아니함'으로 되어 있다. 이들 뜻풀이를 집약하여 정리하면 우리를 몰아沒我의 경지에 이르게 하는 어떤 절대적인 상황을 뜻하는 것임에 틀림이 없다. 그 같은 황홀恍惚의 상태란 지시적指示的인 설명으로서는 불가능한 것임에 틀림이 없다. 거의 종교적宗教的인 상태의 어떤 것과 일치한다고 보아도 무방하다. 이른바 불교의 '니르바나'와 같은 것이 그 한 예가 되어질 수도 있다고 보아진다. 이 같은 경지는 우리를 한없는 기쁨 속에 있게 한다. 또는 놀라움 속에 있게도 한다. 이 점이 바로 웃음이 지니는 바의 본질本質과 어떤 연계성을 지닐 수 있다고 보아지는 것이다.

어쨌든 시詩 또한 오랜 세월을 통하여 이것을 찾아내는 작업에 골몰해왔던 것이 사실이다. 다시 말해서 시詩에 있어서의 '기쁨'이란 희망希望, 행복幸福, 사랑 따위의 일상적日常的인 의지의 것이 아니라 내면內面의 실재實在에 당도하는 발견發見의 전율, 그 경이로움 속에 자신이 접합接合되는 순간의 그것이라고 정의定義되는 것이 타당하다고 생각한다. 그래서 이미 프랑스의 상징주의자들 특히 랭보를 견자見者(Voyant)라 불렀던 것이 아닌가 생각하는 것이다. 어쨌든 나는 이 같은 경지를 시詩가 지니는 바의 또 다른 속성으로서 '황홀성恍惚性'이라 개념 짓고자 하는 것이다.

이러한 황홀성恍惚性을 가져다주는 것은 이와 같이 시詩를 완성하는 순간에도 있어지지만 아름다운 풍경, 훌륭한 서적들을 보거나 읽어내는 순간들에서도 얻어낼 수가 있다. 이해를 돕기 위하여 한 예例를 인용해보기로 하자. 나는 최근 프랑스의 뛰어난 철학 교수 장 그리니에(1898~1970)가 쓴 《섬》이라는 에세이집을 김화영 교수의 훌륭한 번역을 통하여 감명깊게 읽었는데 그 책의 서문을 쓴 알베르 카뮈는 그 책이 주는 황홀감을 다음과 같이 적고 있었다.

> 그렇다. 이것이 바로 내가 알제의 저녁 속을 걸어가면서 되풀이하여 읽어보노라면 나를 마치 취한 사람처럼 만들어주던 저 일종의 音樂 같은 말들이다. 나는 새로운 땅으로 들어가고 있는 듯하였고 우리 都市의 높은 언덕받이에서 내가 수없이 끼고 돌던 높은 담장들에 둘러싸인 채 그 너머로 오직 눈에 보이지 않는 忍冬꽃 향기만을 건네주던, 가난한 나의 꿈이었던 저 은밀한 정원들 중 하나가 마침내 내게로 열려 오는 것만 같았다. 내가 잘못 생각한 것은 아니었다. 과연 비길데 없이 풍성한 정원이 열리고 있었다. 그 무엇인가가, 그 누군가가 나의 속에서 어렴풋하게나마 꿈틀거리면서 말을 하고 싶어하고 있었다.

이것이야말로 실재實在에 당도하는 순간이며 황홀恍惚 그 자체임에 틀림이 없다. 어쨌든 이것과 일치하는 상태를 내 나름대로 형상화한 작품 하나를 예로 들어 보기로 하자.

> 한 채의 생각의 집을 짓고 있습니다. 한 채의 말씀의 집을 짓고 있습니다. 이 한 채의 집은 온전히 당신의 것입니다. 터전을 닦는 일은 이미 끝내었습니다. 네 귀퉁이를 반듯하게 닦았습니다. 한 그루 대추나무는 그대로 놓아두었습니다. 우리들의 가난한 糧食으로 남겨두었습니다. 대패질을 합니다. 나무들의 속살이 화안하게 드러납니다. 이 싱그런 속살, 당신과의 속살과도 처음인 듯 만납니다. 나 온갖 거짓과의 결별을 끝냅니다. 대패질을 합니다. 나는 지금 요염합니다. 머리꼭지까지 가득 차오르는 이 땅에서 가장 정결한 물, 물빛과도 만나고 있습니다.
> ―〈속살〉 전문

위의 시詩에서의 '속살'이란 바로 실재實在의 세계世界다. 이에 당도하는 과정을 한 채의 집을 짓는 과정에 비유했을 따름이다. 그것, '속살'과 만난 나의 황홀함을 "나는 지금 요염합니다. 머리 꼭지까지 가득 차오르는 이 땅에서 가장 정결한 물, 물빛과도 만나고 있습니다"라고 묘사하고 있음에 유의할 필요가 있을 것이다.

이상 시詩가 지니는 바로서의 가장 핵심적인 속성이라 할 비극성悲劇性과 황홀성恍惚性에 대하여 우리는 이야기를 나누었다. 그러니까 어떻게 생각하면 비극성悲劇性을 벗어날 길 없는 시詩의 체질體質이라고 정의해놓고 그 반대의 개념이라 할 수 있는 황홀성恍惚性을 제시하고 있음은 하나의 모순일 수도 있을 것이다. 그러나 이 황홀성恍惚性은 일반적으로 말하는 그런 웃음의 세계와는 다른 것이다. 언제나 비극성을 동반하는 작업 속에서 어렵게 와지는 그런 희귀한 순간일 따름이다. 또는 우리가 희구하는 바의 대상 그 자체일 따름인지도 모른다.

(1983)

향깃한 차가움

정진규의 짧은 시화

초판발행	2014년 6월 5일
초판 2쇄	2014년 12월 5일
지은이	정진규
펴낸곳	**고려대학교출판부**
	www.kupress.com
	kupress@korea.ac.kr
	136-701 서울특별시 성북구 안암로 145
	02-3290-4230, 4232
	Fax 923-6311
찍은곳	한국컴퓨터인쇄정보

ISBN 978-89-7641-848-7 03810

값 14,000원

* 잘못 만들어진 책은 바꿔드립니다.